不安な時代をどう生きるか

本田 健
Honda Ken

大和書房

はじめに——世界が大きく変わるときは、みんな不安になる

あなたは、今どんな生活をしていますか？

何を感じて、生きているのでしょうか。

小さなウイルスが、たった1年のうちに、世界中の人々の生活を一変させました。

その間に、何百万人も亡くなり、数十億人の人生が大きな影響を受けています。

新型コロナウイルスに感染した人はもちろん、仕事を失ったり、減ったりした人も、大変な思いをしているかもしれません。

明るいニュースがあまり出てこない、先の見通しが立たない状態になっています。そんなときは誰だって不安になります。いや、ならないほうがおかしいのかもしれません。

収入が減って、家賃やローンの返済の心配で、胃が痛くなる思いをしている人もいるでしょう。勤めていた会社が突然倒産したり、リストラされたりして途方に暮れている人もいると思います。

そこまで影響を受けていない人も、暗雲があなたの人生に忍び寄っていることを感じ始めているかもしれません。この状況下でうまくいっている人のほうが少数派なのですから、自分のところにも、影響がありそうだと考えるのは、ごく普通です。

いったん始まった不況の連鎖は、なかなか止まりません。飲食、エンターテインメント、観光、カジノ・クルーズ船、ホテルといった産業は、現在進行形で大きな苦境に立たされ、軒並み廃業の危機に陥っています。積極的な拡大路線をとっていた矢先に、想定外の大ピンチが、多くの会社や個人に襲いかかってきているのです。

大きな会社だって、いつ倒産してもおかしくありません。不況の影響は、すべての業種、産業に広がっています。

ひとつの産業がダメになれば、世界規模で何億人もの人生を巻き込みます。会社・個人の収入が減り、全体のお金の回りが悪くなっていきます。将来の収入が不透明なときには、消費構造が一気に変わってしまう可能性がある。不要なものは淘汰《とうた》され、二極化の時代を迎えます。

今うまくいっている人でさえ、あの取引先は大丈夫なのか、自社はいざというときどれだけ耐えられるのか、などとあれこれ考えて、気の抜けない状態が続いているかもしれません。ネガティブな見方をしていくと、不安がいっぱい出てきます。

そんな不安な時代をどうやって生きればいいのか？

この本では、あなたにとって不安とは何か、どうして不安を感じてしまうのかというメカニズムについて見ていきます。不安とどのように向き合って、癒《いや》していくのかがわかれば、日常の気分がずいぶん違ってきます。それが、本書のテーマです。

過度な不安を抱えていると、心も体も凍ってしまう可能性があります。そうならないように、これから不安とどうつき合ったらいいのかを詳しく見ていきます。読み終わるころには、少し気分がスッキリし、「いろいろあるけど、なんとかなりそう」という感覚になると思います。

では、一緒に、不安と上手につき合って、楽しく生きていく冒険に出てみましょう。

不安な時代をどう生きるか●もくじ

はじめに——世界が大きく変わるときは、みんな不安になる　1

第1章　不安と向き合う

不安な気持ちは、不確実な未来からやってくる　14
ずっと「順風満帆な人生」を送れる人は、世界中探しても誰もいない　16
人は安定を求めながらも、同時に冒険を求めてしまう　20
世界中、不安でイライラしている人があふれている　24
不安の本質とは何なのか？　27

不安と心配の違いを知る　32
不安を抱えながら生きてもいい　34
不安を癒す5つの方法　36

第2章　人間関係の不安と向き合う

人間関係には、不安がいっぱい潜んでいる　44
人間関係が、あなたを幸せにも、不幸にもする　47
あなたにエネルギーを与えてくれる人、あなたからエネルギーを奪う人　50
今の人生にある、「ギスギスした人間関係」と向き合う　54
「助けてもらうこと」に、幸せを感じる　56

応援を受け取る「器」を大きくするには 59
「感情のシェア」が、絆を深める 63

第3章 お金の不安と向き合う

お金持ちも、そうでない人も、みんなお金の不安を感じている 66
お金の不安は、未来への不安からやってくる 71
「お金の不安」を持つ人の5つの特徴 73
「お金に対する欠乏感」を癒す方法 81
「両親から引き継いだお金観」が、あなたに不安をもたらしている 85
どういう生き方をすれば、お金に恵まれるのか 89

お金持ちにならなくても、「一生お金に困らない人生」は実現できる 92
お金は、「ありがとう」で受け取り、「ありがとう」と気持ちよく使う 94
これからは「無形資産」が評価される 98

第4章 仕事の不安と向き合う

仕事の不安は、あなたを心身ともにボロボロにしてしまう 104
仕事の上り調子、下り調子は、たいてい交互にやってくる 106
仕事の不安を読み解く 108
強い向かい風のときこそ、人生を変えるチャンス 110
新しい時代は、何に価値が置かれるのか 115

あなたは、なぜ仕事をするのか？ 117
自分に合ったポジショニングを見極める 121
自分の才能を活かす場所を間違えない 123
今の仕事で、自分の才能を使えているか 127
今の仕事で、感謝されているか？ 130

第5章 健康の不安と向き合う

健康には、宿命と運命がある 136
病気への不安は、年齢とともに大きくなる 138
50代後半から、体に痛い箇所が出てくる 141

健康法難民にならないために 144
いろいろ試したうえで、自分の健康法を確立する 146
健康寿命は、思ったより短い 148
健康を失う前に、普段から大切にしておく 152
健康よりも大切なこと 154

第6章 自分の人生を生きる

生きたいように自由に生きているか 158
ライフワークとは、「人生の目的」を表現すること 160
未来から逆算して、必要な「未来の一点」を決める 166

最高の人生を実現するためのマインドセットとは　170
これまでのマインドセットを変える5つのステップ　175
ライフワークに、ブレーキをかける感情　179
ライフワークを生きる旅は、失敗の連続　184

終章　人生を信頼する

人生を信頼するとは？　190
私たちは、「不安と心配」中毒にかかっている　191
あなたの気分を明るくさせる活動は？　193
すべてが思い通りにはいかないのが人生　195

「今のがっかり」が、意外と後の幸せにつながることもある 197
自分らしく生きていると、不安を感じる時間が減っていく 199
時間は「命」。その使い方に満足しているか 201
「自分に人生の主導権を取りもどす」と決める 205
あなたにとってのライフテーマは？ 208
大切な人に「愛してる」と伝えよう 212
あなたの選択で、未来は決まる 217
おわりに 220

第1章
不安と向き合う

不安な気持ちは、不確実な未来からやってくる

世界が大きく変わるにつれ、不安を感じる人が増えています。

あなたもそのひとりかもしれません。自分や家族が病気になるのも心配だし、ニュースを見ていても、あまりポジティブなものはないし、なんとなく不安なことだらけです。

なぜ私たちがそんな気分になるかというと、これからどうなるかが見えないからです。未来の見通しが立っていると、そんなに不安な気持ちにはなりません。これから、まだまだ想定外のことが起きそうなので、不安になるのです。

そういえば数年前に比べて最近地震が多い感じがするし、「なんか起きたら嫌だなぁ」と考えている人も多いのではないでしょうか。

不安は、社会情勢の大きな変化もきっかけになって生まれます。たとえば、ちょっと前

ならば、公務員や、大企業に勤める会社員であれば、一生安泰でした。でも、今回の感染症のパンデミックに始まる大変化によって、どれだけ大きな企業にいても、あと数年で潰れてしまうんじゃないかと心配になってくるのです。

テレビでは、「今の貯金だけだと老後は厳しい」というニュースばかりやっています。かといって、仮想通貨や株式投資はどうやるのかよくわからないと戸惑いを持っている人も多いでしょう。

人間関係も、安心してはいられません。今まで友だちだと思っていた人が、自分の悪口を言っていたと人づてに聞いたなんてことは、誰にでもあると思います。繊細な人は、職場の空気からギスギス感が強まっていることを感じ取っているかもしれません。

パートナーシップでも、同じ相手と添い遂げられる確率は、親世代と比べてグッと減りました。そもそも、結婚相手を見つけるのが、難しくなっています。

「ちゃんと定職があって、多少見栄えのいい結婚相手が、どこにいるんだろう？」と、大きな声で言いたいシングルの人も多いでしょう。このままだと、一生シングルのままで、過ごすことになるのか……。そんな不安を感じてしまうのは、ごく自然なことです。

ずっと「順風満帆な人生」を送れる人は、世界中探しても誰もいない

ここで、もう少し大きな視点から見てみましょう。なぜ、私たちは不安を感じてしまうのかを、人生全体から読み解いてみたいと思います。

どんな人も、生まれたときには、なんの心配もしていません。そして、最初の数年は、親が敷いた安全なレールを歩んで、人生がゆるやかに始まります。

あなたの親は、できるだけ失敗がないように、いろんなことがうまくいくように、祈りにも似た気持ちを持っていたと思います。しかし、早いと小学生、だいたいは中学、高校生になるあたりから、人生が思い通りにいかないことを誰もが知ることになります。

受験で失敗したり、大好きな野球やサッカーでレギュラーに選ばれなかったり、音楽コ

ンクールで賞を逃したり、好きな人が自分ではなく他の人を好きになったりということが起きるのです。

志望校の試験日に風邪をひくなどで失敗したり、電車が遅れて入社面接に間に合わずに別の会社に就職したりする人がいます。そういうちょっとした偶然に翻弄されて、進路が変わることはよく起きます。親の健康状態や経済状態で進路変更をせざるを得なかった人もいるでしょう。

海外留学するつもりが、奨学金がおりなくて中止になったり、親が倒れたために会社を辞めて家業を継いだりする人もいます。勤めている会社がある日突然、倒産するということもあります。事故に遭ったり、思わぬ病気にかかったりして、想定外の事態に追い込まれることもあるでしょう。

そこまで劇的ではなかったとしても、ちょっとしたことで、自分が望んだ方向とは違うところにつれていかれたりするものです。

あなたのこれまでの人生を振り返ってみてください。

何かしら思いあたることがあるのではないでしょうか。どちらかというと、うまくいったことよりもうまくいかなかったことのほうが多かったのではないでしょうか。

長い人生の間には、予想もしなかった番狂わせがたびたび起きますが、たいていの人は、一度手痛い失敗を経験すると、プチトラウマを抱えることになってしまいます。

何かに挑戦しようとしても、またアクシデントに見舞われるんじゃないか、思ってもみない裏切りに遭うんじゃないかと不安になります。あのときのような敗北感や挫折を感じるのは二度とごめんだ、といった思いが、リスクを取れなくさせてしまうのです。

不安は、そういうときに忍び寄ってきます。

また番狂わせなことが起きて、がっかりさせられそうになってしまうと、何かをやる気にもなれなくなります。

古代から人類は、地震や噴火、洪水などの自然災害が起きたり、疫病が流行《はや》ったとき、不安を感じたはずです。たくさんの犠牲を払いながらも、人類全体としては、これまでなんとかやってきたのです。そうはいっても、そんなことはまったくの気休めで、なんの役にも立たないでしょう。今感じている自分の不安は、リアルだし、ちょっとやそっとでは消えてくれそうにもありません。

何をすればいいかわからないまま、日常の仕事、家事、介護、勉強などに追われている人が大多数です。

不安は、忙しくしているときは、少し遠くにいます。しかし、ふとひとりになったとき、夜寝る前など、リラックスしているときに襲ってきます。

すると、いつ不安が来るかという不安まで抱えることになってしまいます。

「不安がいつ来るかが不安」って、冗談のようですが、本人にとっては一大事です。それで、夜寝られない人もいるのです。

いったん気になると、なかなかそのことを考えないのが難しくなります。人間の心は、不思議にできていて、それを考えるなと言われたら、そればかり考えてしまいます。ダイエットが成功しないのも、「ケーキのことを考えてはいけない」と頭で考えるから、逆にそればかり考えてしまうのです。

不安よりも大切なものが現れるまで、そこに意識が集中してしまうのです。

人は安定を求めながらも、同時に冒険を求めてしまう

あなたは、人生に何を求めていますか？

お金持ちになりたい、成功したい、有名になりたいと考える人もいるでしょう。

でも、それはちょっと非現実的な夢かもしれません。実際のところは、病気、事故などに遭わず、「不安や心配の少ない人生」を望む人のほうが多いのではないでしょうか。

神社で、「無病息災」という言葉が書かれている絵馬を見たことがあるでしょう。ぶら下がっている絵馬を見ると、家族が元気でありますように、というものが多いようです。「高望みしない代わりに、みんな無事でいてほしい」というのが、本音の願いなのです。

では、安定があって安心できる人生を送れたら、一生幸せになれるかというと、必ずし

もそういかないのが人生の面白く、やっかいなところです。

たとえば、ある程度大きい会社や役所に勤めていれば、人並みの給料をもらえる代わりに、ワクワクすることも、驚くほどの成功もなく、毎日が単調になります。

転職や起業して成功している友人たちと自分の人生を比べて、羨ましく感じてしまいます。「いや、これでよかったんだ」と頭では自分を納得させようとしても、「自分にもできたのかなぁ……」と思うと、なんとも言えないもどかしさや焦りを感じるかもしれません。

誠実で安定志向のパートナーといれば、浮気をされる心配はないでしょう。でも、ロマンチックなこともあまりなく、「このまま一生、心がときめかないまま終わるのかなぁ」とため息交じりに、退屈な未来を感じてしまうかもしれません。

このように、人は安定を求めすぎると、退屈でつまらなくなってしまいがちです。

では、いつも夢を追いかけてワクワクするような、冒険がいっぱいの人生を実現できたら幸せだと思いますか？

冒険でいっぱいの人生を選べば、残念ながら、不安、心配がもれなくついてきます。

冒険を求め続けると、気が休まるときがありません。なぜなら、それは変化の道だからです。これは、すべての分野に当てはまります。

たとえば、すごく魅力的で、モテるパートナーと結婚した場合、毎日ワクワクするし、ロマンチックな関係を持てるでしょう。でも、そういう人と一緒にいると絶えず別の異性（あるいは同性）の誘惑を心配しなければならなくなります。魅力的な人ほど、たとえ本人にはそんな気がなくても、ちょっかいを出してくる人が出てくるからです。

芸能人のカップルがうまくいかないことが多いのは、二人の間に、仕事、お金、誘惑など、いろんな雑音が入ってくるからです。

人間の心理の面白いところは、「安定が欲しいのに、ワクワクもしたい」という欲張りな部分を同時に持っていることです。

ワクワクするほうへ向かうと心配事が増えるのは、恋愛だけではありません。収入が増えると支出も増えます。景気の波もあるので、ずっと順調にはいかないものです。

そうすると、景気が悪くなったときには、資金繰りの心配や新しいビジネスのネタを探さなければいけないというプレッシャーにもさらされてしまいます。

実際、夢を追いかける過程では、どちらかというと「うまくいっている」感覚よりも、

「また失敗しちゃった」と感じることのほうが多いのです。「こんなことなら、やらなきゃよかった」とか、「お金を無駄にした」などと感じることもたくさん出てきます。

どちらの道が良く、どちらの道が悪いというわけではありません。

自分は性格的に、安定を求めたいのか、冒険を求めたいのかを見てみましょう。安全だけれども退屈な人生なのか、リスクは多いけれどもワクワクする人生なのか。求めるものをどこに置くのか。それが明確になっていないと、自分にとっての幸せは何なのかということがわからなくなってしまいます。

パートナーとの感覚のすり合わせも大事です。自分がワクワクを選びたくても、パートナーも同じとはかぎらないからです。

このあたりのことが共有できないと、二人のうち、どちらかが冒険に乗り出し、もう一方は、不安を抱えてとどまることになります。

今、現在進行形で、この力学が進んでいるかもしれません。一方がワクワクしていても、もう一方は、不安だらけになるということは、よくあることなのです。

世界中、不安でイライラしている人があふれている

コロナ感染が広がっている今、これから世界がどうなるのか、不安で眠れない人も多いと思います。一方で、直接影響を受けていない人たちは、世間は大変そうだけど、「自分は大丈夫だろう」と、なんの根拠もない感覚を持っていたりもします。

自粛疲れで、街中にくりだす人たちは、自分や周りのリスクには無関心です。繊細な人は、こんなひどい状況で、なぜ感染防止に無関心でいられるのか、まったく理解できないことでしょう。

このあたりの感覚の違いが、多くの人の精神状態を不安定にさせます。自粛警察、マスク警察という言葉がありますが、今の状況をなんとかしたいと不安に感じている人が、無関心な人に対して過剰な行動に出ているわけです。

本当であれば、マスクをしたり、ステイホームしなければいけないのに（それが常識なのに）、「ルールを守らない人がいるのは許せない！」と、彼らは考えます。

マスクをしない人には、マスクがなんとなく嫌でしないタイプと、マスクが感染防止をするとは考えていない確信的なタイプがいますが、自粛警察を自称する人には関係ありません。「なんでお前たちはルールを守らないんだ！」と怒っているわけです。

その状態をよく見てみましょう。彼らは、相手の考え方には構わず、自分の中にある不安や恐れと向き合わず、現状をあまり認識していない（と思われる）人に対して、怒りの矛先《ほこさき》を向けているにすぎません。

本来は、みんなで協力することが大事なのに、そういうことに無関心な相手の振る舞いに関して、怒っているわけです。

冷静に考えると、一方的に怒るだけでは協力関係は築けませんが、そんなことはどうでもよくなってしまっています。ただ、今感じているストレスを吐き出したいのでしょう。自分が絶対的に正しいポジションを取り、相手を責める権利があると考えるようになっているのです。

自分の中にある不安を認識できない人は、無意識のうちに、不安を回避するための行動をしていることに気づきません。

投資の知識がろくにないのに、仮想通貨や株に手を出す人はたいていそうです。詐欺師に騙される人は、「お金を増やさなくちゃダメだ」と思っているから、怪しい話につい乗ってしまいます。今の貯金額で十分で、問題ないと思っていたら、よくわからないものに貯金をはたいて投資するはずがないのです。

「自分がお金の不安を感じている」と認識できない人は、不安を解消するために、お金を増やせばいいと考えるようになります。そこで、詐欺師に騙されてしまったりするのです。

「不安を認識できない副作用」は、周りを見まわすと、至るところにあります。

今の仕事が自分に合っていないのに、次の仕事が見つかる保証がないから、辞めない。今のパートナーとの関係が破綻しているのに、別れる勇気がないのも、同じ理由です。不安としっかり向き合う習慣がないと、知らない間に、自分の人生の可能性が制限されていたり、心の平安を蝕《むしば》まれてしまうのです。

不安の本質とは何なのか？

あなたは、これまで、「不安とは何か？」について、考えたことがありますか？

この本では、不安をあらゆる角度から見ていきます。

まず、日常的にあなたが不安を感じる場面を考えてみましょう。普段の生活の中で、どういうときに不安を感じるでしょうか？

時間でいうと、日中よりも、家にひとりでいるときや、夜寝る前に不安を感じる人が多いでしょう。それは、忙しくしていると、目の前のことに意識が行くからです。

何もやることがなくなって、夜ひとりでいるときなどに、ふと不安が浮上してきます。

「不安に襲われる」という言葉がありますが、不安は前から襲ってきません。どちらかというと、無防備な後ろからやってくるか、内面からコンコンと湧いてきて、いつの間にか

「不安の沼」に溺れているというイメージではないでしょうか？

そして、いったん不安を感じ始めると、それを打ち消すのが難しかったりしませんか？

不安は、霧のようなもので、実態がありません。

「何が不安なの？」って聞かれても、それがわからないから不安なのです（笑）。

今は笑えるかもしれませんが、不安を感じている最中には、笑えないはずです。不安は毒ガスのようなもので、そのガスを吸っているうちは、なんともいたたまれない気持ちになります。息苦しくなったり、胸の動悸がおさまらない状態です。

それは、あなたの心から発生しているのですが、なぜそのガスが発生するのか、どうやって止めればいいのか、わからないと思います。両親も学校の先生も、「不安と向き合う方法」を教えてくれなかったでしょう。

不安には、「あなたを今いる場所にとどめておく力」があります。不安を感じていると、体が動かなくなります。必然的にウロウロしなくなるので、そのぶん、外敵に襲われにくくなるわけです。不安を感じると、頭の働きも止まってしまいます。不安ガスの作用で、意識も朦朧《もうろう》としてくるようです。それは、本能に根ざすもので、不安のおかげで不必要なリスクを取らなくて済むようになっているのです。

これに気づいたのは、私がイスラエルからの帰り、トルコに1泊だけ泊まったときのことです。夜にイスタンブールに着いたのですが、せっかくだから食事がてら、外に出てみようと思いました。

普段の自分なら、好奇心が勝って、何も考えずに外に飛び出すのに、そのときは、まったく知らない国の知らない街で、夜遅く出かけることに、漠然とした不安を感じたのです。普段の生活であまり不安を感じることがないので、ちょっとびっくりして、自分の心の中を探ってみました。

すると、「なんとなく不安だから、やっぱり外に出ないでルームサービスでも取って寝たほうがいい。何かあったら嫌だし……」という考えが浮かびました。

「外に出かける」のと、「外に出かけない」という2つの選択肢を比べたら、出かけないほうが確実に安全です。そこでわかったのです。「不安は、余計なリスクを取って、自分を危ない目に遭わせないために存在する」ということが！　なんだか悟りにも似た気分になりました（笑）。

結局、その晩は、飛行機に長時間乗っていた疲れもあって、外に行かずに、ルームサービスでご飯を軽く食べた後、お風呂に入って寝ました。ぐっすり眠れたのは、言うまでもありません。

次の日、イスタンブールの街をひとりで散策すると、なんの危険もない平和で美しい場所でした。前の晩に、不安を感じていたことが、馬鹿らしくなるくらい安全な街でした。

改めて不安を別の視点から見てみましょう。

私たちは、転職とか独立を考えたときに、不安を感じますよね？　その不安は、「自分を守るためのボディーガードだ」ということがわかれば、どうやって対処すればいいのかも見えてくると思います。

ボディーガードが不必要なときには、「大丈夫。今日は帰っていいよ」と言えばいいのです。デートに行くときにまでついてこられたら困りますよね。そんな感じで、不安を人に見立てて、「ありがとう。今晩は大丈夫だから、一緒に来なくていいよ」という軽い気持ちで言ってみてください。そうやって不安とおしゃべりできるようになると、不安を感じることが少なくなります。

もちろん、それでも、ふっと顔を出すときはあるのですが、ボディーガードが急に来てくれたんだと思うと、冷静になれます。そのまま、いてもらうこともできるし、離れてもらうこともできます。あなたに選択肢があるのです。

それでも、しつこくつきまとわれるようなことがあったら、聞いてみてください。

「あなたは誰に雇われたのか？」

すると、面白い答えが返ってきます。

私がカウンセリングをした何人かは、自分の心の中にいるボディーガードが、「あなたのお母さんに雇われた」「お父さんに雇われた」と答えたそうです。中には、「おじいさんに雇われた」と言う人もいました。その人のおじいさんは、事業に失敗して、孫には、独立して自分と同じような惨めな目に遭ってほしくないと思ったようです。

こんな感じで不安を見ていくことができれば、あなたはもう、不安よりも大きい存在になることができます。

あなたを守る霧がこれからも必要なのか、改めて考えてください。

不安と心配の違いを知る

不安と似たものに、「心配」があります。一見すると似ていますが、この際、違いを見ておきましょう。

不安は、漠然としたもので、なんとなく感じるものです。将来が不安だといって、漠然としたイメージしかないのが特徴です。つかみどころがないのが不安なのです。

一方、心配には、特定の対象があります。たとえば、「子どもが交通事故に遭わないか心配だ」「月末の支払いができるか心配だ」といった感じです。

事故に遭うイメージが頭に浮かんで、そうなったら嫌だというのが心配です。

心配の対象は、仕事で失敗する、お金がなくなるといった特定の事象です。旅先で病気にならないか心配、道に迷わないか心配、体調を崩さないか心配といった感じです。

不安は、もっと漠然としたものです。海外旅行に行くのは不安だ、新しい環境に慣れることができるか不安だといった使われ方をします。

こうやって見ていくと、不安と心配の違いがわかってきたのではないでしょうか。「はっきりしない、ネガティブなイメージが不安」、「特定のことを想定しているのが心配」だと言えます。

この不安と心配の違いを知ることで、自分がどういうことを恐れているのかが、おぼろげながら見えてくると思います。

あなたが恐れているのは、「こうなってほしくない」という未来のイメージなのです。逆に言うと、そんなことが起きないということがはっきりしてくると、そこに不安や心配が存在する理由もなくなります。

そうは言っても、ひとつの心配がなくなると、また別のものが出てきたりします。人間の心は複雑で、そう簡単に心配を手放すことはできないようです。心配すること、不安を持つことで、自分が変わらないようにしているとも言えます。面白い人生を生きたければ、このあたりの心のメカニズムを理解しておく必要があるでしょう。

不安を抱えながら生きてもいい

不安を持つメリットもあります。そのひとつに、「不安があると、予期せぬ未来への準備ができる」というのがあります。

健康の不安がない人は、自由に暴飲暴食してしまい、普段から節制することを考えないでしょう。お金の不安がない人は、お金を手元に残さないで、ぱっぱと使ってしまうかもしれません。

仕事にあまり不安がない人は、段取りが悪くて納期が遅れたり、周りに迷惑がかかっても気にしません。

人間関係の不安がない人は、傲慢《ごうまん》になって、他人への気遣いや心配りができないでしょう。実際に、あなたの周りにそういう感じで生きている人もいるのではないでしょうか。

興味深いのは、健康には気を遣っているのに、お金や仕事のことはあまり意識していない人がいることです。逆の人もいるでしょう。人によって、得意、不得意分野のようなものがあります。人間関係は得意だけれど、仕事は苦手といった感じです。

あなたも、自分がどうなのか、考えてみましょう。不安があるために、なんとかしようと思った分野があるはずです。

将来のお金のことが不安なので、お金について勉強しようといった具合で、そこから本を読み始めた人もいるでしょう。同じように、不健康な状態を今のうちになんとかしておこうと考えて、ウォーキングを始めた人もいるかもしれません。

ある意味で人類は、「不安があるからこそ、進化してきた」とも言えます。不安を上手にテコにすることができれば、なかなか変われない自分を変えるきっかけをつくることができます。

でも、不安を持ちすぎると、害にもなるし、毎日が楽しめなくなってしまいます。そこで、不安を癒す方法についても、お話ししていきます。

不安を癒す5つの方法

不安を癒すとは、どのようなことを指すのでしょうか？

不安は、あなたの心の奥から静かに出てくる感情です。

未処理なトラウマ、恐れからくるエネルギーが、不安というかたちであなたにコミュニケーションを取ろうとしています。ネガティブな未来のイメージがちらっと見えると、それをきっかけとして、不安が出てくるのです。

不安は、上手に扱うと、自然と癒されて、消えていきます。

この章の最後に、不安を癒すためにあなたができる5つの方法をお伝えします。

本書では、この5つをベースに詳しく見ていきますが、これを最初に頭に入れておいていただきたいと思います。

1 不安と向き合う

不安と向き合うことが最初の方法です。

あなたの中にどんな不安があるのでしょうか？

この章では、不安と心配についても見てきましたが、なんとなく感じている不安をはっきりさせましょう。この過程で、あなたの恐れている未来が見えてきます。

たとえば、転職することが不安だとします。その不安の奥を見ていくと、自分の専門性がはっきりしないので通用しないのではないかと思っていることに気づきます。そして、本当は自分が、会計の専門知識を得て、経理のスペシャリストになりたいと思っていることがわかったりするのです。

不安の中身を見ていくと、実は本当にやりたいことが見えてきます。

2 人とつながる

人とつながることも、不安を癒す方法です。

友だちとご飯を食べたり、ダラダラとどうでもいい話をするだけで、気分が変わったりします。そこまで親しい関係ではなくても、近所のクリーニング屋のおばちゃんと話すだけでも、楽しい気分になることがあります。ちょっとしたやりとりだけで、人は安心感を覚えるのです。

まして、自分が心から愛する人がいて、その人も自分のことを愛してくれるというのは、とってても幸せなことです。

人とのつながりが、深いところからくる幸せ感をつくります。幸せを感じている人は、同時に不安を感じることができません。

そういう理由で、誰かと「人間的なつながりや絆を感じる」ことは、不安を癒すためにとても大切なのです。

3 過去を受け入れる

不安の多くは、「過去に起きたことがまた起きたらどうしよう」と考えているところから生まれます。たとえば、昔誰かに傷つけられた経験がある人は、また同じことが起きるかもしれない、と恐れているのです。

そこまで大げさではなくても、「嫌なことが起きそうだ」という悪い予感を持っただけで、不安になるのです。

逆に言えば、過去の悲しい思い出がひとつ癒されるだけでも、不安は減ります。

過去に起きたことと折り合いをつけられるかどうか、なのです。

4　楽しい未来とつながる

将来、楽しいことがいっぱい起きそうだと思っていると、不安が減ります。

たとえば、中学校に入る前は、不安だったかもしれません。でも、幼稚園から小学校に上がるときに、その後楽しいことばかりだったという経験があれば、今度も楽しいかも！と思うことができます。

自分の未来が希望でいっぱいだと感じられたら、同時に不安を感じることは無理です。

これは、先ほどの「人とつながる」というのと同じです。過去のつらく悲しい体験とつながれば不安になるし、未来の楽しい自分とつながれたらワクワクできるようになります。

5 期待を手放して、自分らしく生きる

不安を癒す5つめの方法は、自分らしく生きることです。

不安は、「こうなってほしい」という期待が裏切られるかもしれないと思ったときに感じるものです。

たとえば、仕事がうまくいってほしいという期待を持っていると、不安を同時に抱えます。今のパートナーとうまくいってほしいと期待するから、不安も生まれます。

もし、今の仕事がダメでもまた次があるだろうと鷹揚《おうよう》に構えることができたら、不安を感じることがグッと減っていきます。これは、パートナーについても同じです。今の相手がいなくなったらどうしようと思うから、すごく不安になるのです。

どうなっても大丈夫と思える人は、不安は感じません。自分が旅に出るとき、目的地に無事に辿り着けるか不安を感じる人は多いと思います。でも、最終的にどこに行っても楽しめる人は、不安を感じることがありません。

どこに行き着こうと、自分らしくさえいられれば大丈夫だというメンタリティーは、幸せに生きるうえで欠かせないものです。

そして、人生では、往々にして、思わぬところに流されたりするものなのです。

そうは言っても、いきなりそんな考え方ができるようになるわけではありません。だから、今はできなくても安心してください。

これから、人間関係、お金、仕事など、分野別に不安を見ていき、その原因とどうやって向き合ったらいいのかについて、一緒に見ていきましょう。

きっと、「そんなこと考えてもみなかった」ということがいっぱい出てくると思います。

不安は、心の癖のようなものです。

いつも大きなカバンを持つ人は、中身をチェックしてみたら、いらないものがいっぱい入っていたりします。快晴なのに折り畳み傘が入っていたり、モバイルバッテリーが3個も入っていたりします。

「不安を持たない」ことが習慣になるためには、一つひとつ不安の材料になるものを見ては、手放していくことです。

第2章
人間関係の不安と向き合う

人間関係には、不安がいっぱい潜んでいる

あなたの人間関係は、良好ですか？　それとも、あまり良い状態ではないでしょうか？

もし、あなたが、家族と深い絆で結ばれていて、職場の上司、同僚、取引先、お客さんから信頼されていて、親友がいっぱいいるなら、なんの心配も不安もないと思います。

でも、そんな人には、めったに会ったことがありません。

今、世代別の悩みで多いのが、人間関係です。ここには、男女関係（あるいは同性同士）も入っています。

仕事関係、友人、家族、恋人などとの人間関係がすべてうまくいっている人は稀《まれ》で、どれかの分野でぎこちなくなっている人のほうが多いでしょう。

パートナーシップも、人間関係の悩みでは大きなものだと思います。

たとえば、好きな人がいて、その人も自分のことが好きだと、世界で最も幸せな気分になります。ですが、いったんその関係が壊れると、死にたくなったり（あるいは相手に死んでもらいたくなったり）もするでしょう（笑）。

パートナーとわかり合えるかは、人間関係の大きな課題です。また、そもそも好きな人、パートナー候補が見つからないという人も多いようです。

どんな統計を取っても、転職の理由として、人間関係は必ずといっていいほど出てきます。離婚の原因も、やはり性格の不一致、お互いが理解できないということが出てきます。

先ほども言ったように、すべてをうまくやれている人は、少数派です。どちらかというと、「仕事関係はいいんだけど、プライベートが……」という人、またその逆で、「プライベートは幸せなんだけど、仕事の人間関係がうまくいかない」という人もいます。

仕事関係のつき合いしかなく家族と没交渉になっている人は、あまり幸せ感を得られていないと思います。また、家族とはいい感じでつながっているけど、仕事上の人間関係ではうまくいっていない人もいます。友人がたくさんいる人もいれば、親しいと呼べるような友人が誰もいない人だっているでしょう。そのすべての人が、人間関係に関して、漠然とした不安を抱えていると思います。

人間は、動物園の猿と同じで、集団生活をして生きています。今は、スーパー、コンビニ、ウーバーイーツなどがあるので、お金さえあれば、ひとりで気ままに生活できる環境は整っています。でも、私たちはやはりひとりでは生きられないのです。

一生食べていけるお金があっても、誰かとのつながりは必要です。それは、他の人との心のつながりが幸せをもたらすからです。何気ない会話をしたり、一緒にご飯を食べたり、笑い合ったりする時間がないと、心から幸せにはなれないように私たちはできているのです。

それは、集団でいないと生存が危うかった時代の本能から来るのかもしれません。「誰かとつながっていない」状態にいると、漠然とした不安を持つようになっているのは、種の保存本能の呼びかけだともいえます。

だから、孤独を感じると、誰でもいいからそばにいてほしいとなってしまい、たまたまそばにいる人とくっついてしまうということはよくあります。そして、しばらくしてから、「なんで私はこの人と一緒にいるんだろう?」と自分でもわからなくなるのです。

不安と向き合う癖をつけないと、人生を大幅に狂わされてしまうことにもなりかねません。

人間関係が、あなたを幸せにも、不幸にもする

あなたは普段、どのような人に囲まれて生活しているでしょうか？

頻繁に電話をかけたり、一緒にご飯を食べたり、仕事をする人たちの顔を思い浮かべてみてください。

彼らのことを考えたとき、どんな気持ちになりますか？

あなたがイメージした人は、父親や母親、兄弟姉妹かもしれませんし、パートナーや友人、会社の上司や同僚、お客さんかもしれません。その人に対して、１００％受け止めてもらっていると感じたでしょうか。

また、彼らのことを考えただけで、幸せな気持ちになったり、心が満たされたりするでしょうか？

何も感じないかもしれません。その場合は、無感覚になっています。

あるいは、わかり合えないイライラや悲しさを感じたり、相手に対して腹立たしい気持ちになりますか？

世の中には、お互いを尊重して、深い信頼と愛情で結ばれている関係を持っている人もたくさんいます。そんな愛のある関係が築けている人もいると聞いたら、あなたはどう感じますか。

体調を崩したり、仕事がうまくいかないとき、電話一本ですぐに会いに来てくれたり、一緒にいてくれる人。ときには、慰め、励ましてくれる人がいるでしょうか？

もし、深いつながりを感じる人たちに囲まれているなら、それだけでも、幸せを感じられるでしょう。人とつながっている感覚があるとき、私たちは安心感を持つようになります。

なぜ、このような話をしたのかというと、あなたの今の人間関係が、直接、間接を問わずあなたの幸せ度を決めているからです。

米イリノイ大学名誉教授のエド・ディーナー博士の研究によると、幸福度が高い人たちは例外なく、助け合える家族や友人などに囲まれていたといいます。逆に、助け合える家族や友人などに恵まれていない人たちは、社会的に成功していても、あまり幸せを感じていないそうです。このような研究は、世界中で行なわれていて、いずれも似たような結果が得られています。

つまり、社会的な成功を追い求めて、それらを手に入れたとしても、幸せになれるかどうかは別の話だといえます。

社会的な成功が、友人や家族を遠ざけることだってあるのです。

また、ビジネスの殺伐《さつばつ》としたエネルギーが、自分や周りを傷つけることもよくあります。自分自身の成功を考えることも大事ですが、周りとの調和や長期的な信頼関係を築かなければ、その成功も長続きしないかもしれません。

このあたりのバランスは、失ってはじめて気づく健康と似ています。

人間関係を一番大切にするぐらいの気持ちでいないと、どうしても他のことを優先してしまう人は多いでしょう。

幸せで笑顔があふれる人生を生きたいのなら、今の人間関係を大切にしましょう。

あなたにエネルギーを与えてくれる人、あなたからエネルギーを奪う人

ここで、改めてあなたが普段つき合っている人の名前を10名ほど書き出してください。

仕事関係やプライベートで一緒に時間を過ごすことが多い人たちです。

彼らは、自分の人生を心から楽しんでいるでしょうか。

それとも、退屈な毎日を送っていたり、悩みを抱えていたりしているでしょうか。

彼らの精神状態が、あなたの幸せに影響を与えるのです。

人間関係を「エネルギーのやりとり」という新しい視点で見ていきましょう。

どんな人間関係にも、気づかないうちに、エネルギーの交換が発生しています。

たとえば、友人関係では比較的、相互にエネルギーが交流していると思います。でも、

上司との関係ではどうでしょう？

上司から要求のエネルギーが来て、あなたはそれに応えようとしていませんか？

お客さんからのクレームを受けているときのエネルギーのやりとりを想像してみてください。厳しい攻撃的なエネルギーがやってきて、担当者に刺さっているのがイメージできるでしょうか？

次に、つき合い始めて2週間のカップルを想像してみましょう。二人の間には、ラブラブなエネルギーが行き交っているのではないでしょうか？　ハートマークが、二人の頭上にいっぱい浮かんでいるのが見えるでしょう（笑）。

そうやって、二人以上の人間関係があれば、そこにはエネルギーが発生します。いわゆる空気のようなもので、目には見えませんが、誰にでも感じ取れるものです。社内での不倫がバレるのも、二人の醸し出す空気が、それっぽいからです（笑）。

話を戻して、あなたの人生に存在する人間関係を見ていきましょう。そこには、どんなエネルギーが流れているでしょうか？

お互いに対する尊敬が流れているか、よそよそしい空気が流れているか、それはあなたにしかわからないかもしれません。そうやって一人ひとりとの関係を見ていくと、良好な関係には、いい感じの空気が流れているのに対して、あまりいい関係でない場合には、冷たい空気が流れているのが感じられるでしょう。

誰かの顔をイメージするとき、その人から優しさ、信頼、愛情、友情といったものが流れてくるでしょうか。それとも、あなたのエネルギーが奪われるような感じがしますか？

世の中には、ゾンビのような人がいます。彼らは、出会う人からエネルギーを奪ったり、吸い取ったりします。いつもイライラしていたり、冷ややかだったり、殺伐としている人たちです。こういう人は、銀行やホテルの受付、タクシーの車内などで、クレームをつけたり、すごく感じの悪い態度で人と接します。

あなたも、見かけたことがあるでしょう。ひょっとしたら、あなたの家族のひとりがそんな人かもしれません。その場合は、結構あなたも苦労してきたはずです。

彼らと一瞬でも人間的なコンタクトがあると、エネルギーを吸い取られた感覚が残ります。具体的には、「なんか感じ悪いなぁ」とか「失礼な人だ」「気持ちが悪い」「嫌だなぁ」という感想が出てくるかもしれません。触れ合った手が、静電気でビリビリするようなものです。

私たちは、超能力者ではないものの、目の前の人が、「感じが良いか、悪いか」を計測するセンサーを持っています。その人物が自分にとって危険かどうかを見極めなければ、自分の生存に関わるので、そのセンサーは本能的に備わっているものなのかもしれません。「人あたりが良い」という言葉がありますが、その人がどれだけ人と和して関係を持てるかを表現した言葉です。

よく見てみると、職場でも、プライベートでも、近所のコンビニなんかでも、すべての人間関係で、このエネルギーのやりとりが起きています。それが楽しいものか、不快なものかによって、その人間関係が良好かどうか、あなたは判断しているはずです。

人間関係で不安を感じるのは、そこに穏やかでないエネルギーがあるからです。相手のことを考えるだけで、自分の何かを奪われるかもしれない、傷つけられるかもしれないと感じたら、そこに不安が発生するのです。

逆に、今あなたの周りにいる人たちがみんな愛情いっぱいで、素晴らしい人たちばかりだとしたら、どうでしょうか。多分、人間関係の関する不安は、だいぶ少なくなるはずです。

今の人生にある、「ギスギスした人間関係」と向き合う

あなたの人生は、つまるところ、あなたがどういう人間関係を持ち、何を体験するのかで決まります。最高の人生を生きたければ、愛にあふれる素晴らしい人間関係をつくらなければなりません。

その最初のステップとして、あなたにとって「不必要な関係」を手放す必要があります。多くの人は、今の人間関係を大事にするがゆえに、新しい世界に行くことを躊躇《ちゅうちょ》しています。しかし、あなたが本気で自分の人生を生きようと決めたら、その関係が自分にとって大切かどうかが、明確になってくるはずです。

もし、中途半端になっている人間関係があるなら、逃げずに向き合うことも大事です。

そういった人間関係は、エネルギー漏れを起こしている可能性があるからです。

たとえば、話がかみ合わない夫婦関係だと、一緒にいるだけで疲れてしまうものです。さらには、そのことが仕事にも悪影響を及ぼすかもしれません。その場合、なぜ話がかみ合わないのか、じっくり考えてみる必要があります。

言いたいことが言えない友人とは、なぜそうなってしまうのでしょうか。思っていることをズバズバ口に出すことで、今の関係に摩擦が起きることが嫌なのかもしれません。

今後、その人といい人間関係を築いていきたいなら、何らかのアクションが必要です。今の関係から逃げている間は、信頼を深めていくことはできないものです。それどころか、ストレスが蓄積され、ある日突然、感情が爆発することもあるかもしれません。

近しい人間関係ほど、いろんな感情があふれてきて、目を背けたくなることもあると思いますが、根気強く人間関係の見直しをしてみてください。自分が何を感じているのかを、日ごろから周りに伝えることも大切です。口に出して言わないかぎり、あなたが何を望んでいるのか、誰にもわからないからです。私たちは、相手に超能力を使って、察してほしいと願っていますが、そんなことができる人はあまりいません（笑）。

「助けてもらうこと」に、幸せを感じる

人間関係を良くする秘訣は、「周りの人に、助けてもらうこと」です。

これは簡単なようで、難しいことです。「助けてあげる」のは得意でも、「助けてもらう」のは苦手だという人は多いのではないでしょうか。

頑張り屋のタイプほど、「誰かに頼るのは悪い、相手に迷惑がかかる」といった観念が邪魔して、「助けてほしい」と言うことに抵抗を感じるようです。

あなたが助けてあげることのほうが多い場合は、「助けてもらう器を大きくすること」を練習しましょう。

誰かに助けてもらうことは、その人に「与える喜び」「助ける喜び」をあげることになります。その人がサポートする側になることで、相手は喜びを感じることができるのです。

ですから、なんでも自分ひとりでできると思わずに、少しでも人の手が必要なときは助けてもらうようにしてみましょう。

まずは、あなた自身ができることでも、誰かに助けてもらったほうが楽しいというところからスタートしましょう。それは仕事でもそうですし、パートナーシップでもそうです。気持ちよく助けてもらって、別のかたちで返すという助け合いサイクルをあなた発でつくってください。助け、助けられることによって、人間関係は深まっていくのです。

たとえば、仕事で忙しい人は、その中で自分にしかできない仕事がどれぐらいあるのか書き出してみましょう。多くのことは、自分ではなくてもできることのはずです。それを誰かにお願いして助けてもらうことで、助けるほうは成長することができます。

家事でも、分業せずに気がついたほうがやるというスタイルで助け合うと、二人の仲がより深くなったり、感謝が増えていきます。一方、分業で家事をするようになると、お互いに「なんでこれをやってくれないんだ」という苦々しさに変わっていきがちです。

「お互いに助け合って感謝し合う」のと、「助け合わないで苦々しい思いを抑圧する」のとでは、その後、まったく違うパートナーシップになるのは、想像できると思います。

助けてもらうのは申し訳ないと感じるかもしれませんが、助けるほうと助けられるほうの関係がより深まって、感謝と愛情が強まると、人間関係もぐんとよくなっていきます。

そして、誰かに助けてもらったら、心から感謝を伝えることも大事です。とくに「ありがとう」は、人間関係を深めるうえで欠かせない言葉だといえるでしょう。

人は、誰かから「ありがとう」と言われたとき、自分が相手に貢献できたことを自覚します。すると、喜びを感じて、さらに「何かできることはないかな？」と思うのです。

逆に、まったく感謝を伝えなかったら、相手はどう感じるでしょうか？

なんの見返りも求めない人も多いと思いますが、少しがっかりですよね。

場合によっては、「こんなにやってあげたのに、感謝の言葉もないわけ？」「もう、助けるのはやめようかな」などと思うかもしれません。そのような状態で、人間関係を深めることは難しいと思います。

誰かから何かをしてもらったら「ありがとう」と伝える。お互いに「ありがとう」を言い合える人間関係を築くことで、人生の豊かさや幸福度は増えていくでしょう。

応援を受け取る「器」を大きくするには

誰でも、他人から応援されたいと願っていますが、それは難しいことでもあります。

ここでは、多くの人たちに応援される人の特徴をいくつか挙げていきましょう。

まず、己を忘れて誰かのために尽くす「利他の心」で動く人は、応援を集めやすいといえます。行動するときに、「自分の利益」だけを考えているのか、「人の利益」を考慮に入れているのかで、信頼性は変わるということを理解してください。

人は自分の利益のためだけに動こうとすると、疑心暗鬼になります。それは、自分がそうだから、周りも自分と同じに違いないと考えるようになるからです。そうすると、自分の持っている何かを奪われそうな感じがします。

逆に、傍をラクにするために一生懸命に仕事をする人は、文字通り「はたらく」ということをやっています。そんな人は、自然と多くの人に応援してもらいやすくなります。「人を喜ばせたい、人の役に立ちたい」という動機でひたむきに頑張る人は、多くの人の共感を得ます。そういう一生懸命な人を見ると、「あれだけ一生懸命やっているんだから、応援してあげよう」という気持ちが湧いてくるのです。

個人的な成功を求めることが悪いとはいいませんが、それだけを追い求めるのでは、本当の満足感を得られません。自分だけでなく、たくさんの人が喜ぶことを目指したほうが、共感する人は増えます。それが、結果的にチャンスやお金となって返ってきます。

「急がば回れ」とはまさにこのことで、周りの成功を目指したことが、結果的に自分の個人的な成功を呼び込むことになっているのです。

また、「あの人が困ったら助けてあげよう」「できることがあれば力になりたい」と思ってもらうには、豊かさを広げることを意識することです。

それは、あなたが「自分らしさ」を与えるということを意味します。

もしかしたら、「自分は何も持っていない」と感じる人もいるかもしれません。ですが、たとえば、お店をやっている友人に、お客さんになりそうな人をつないであげたり、良い情報がきたら必要な人に回してあげる。お金、チャンスなどを与えることはできなくても、真剣に話を聞いてあげるだけでいいこともあります。

「お疲れさま」といったさりげないねぎらいの言葉や、「きっと、うまくいくよ」といったお祈りのような言葉をかけてあげること、笑顔で手を振るだけでも、十分に「与えること」になります。

その友人は、あなたに対して、「お返ししたい」「応援したい」「役に立ちたい」と思うようになるでしょう。これは、「返報性の法則」と呼ばれる心の特性でもあります。

人には、「誰かから何かを与えられたら、相手にお返しをしたくなる」という心理があるのです。そうやって、お互いに与え、受け取るという素晴らしい循環が生まれてくると、どんどん人間関係は深まり、拡大していきます。

逆に、いつも自分が得することしか考えていない人は、どうなるでしょうか？

「嫌な人だな」と思われることはあっても、相手から応援されることはおろか、好かれることすら難しいでしょう。

さらには、その人のそばにいると、居心地が悪かったり、何か奪われるような気持ちになるかもしれません。そんな人と、人間関係を深めたい、もっと知り合いたいとは、まず思わないのではないでしょうか。

最初は、身近な人たちからの応援がメインですが、その輪はどんどん広がっていくものです。そのうちに、どこかのタイミングで、自分より年上や格上の人から引き上げてもらえたりします。それが、人生の「次元上昇」につながったりするのです。

次元上昇とは、飛躍的にジャンプするという意味で、まったく違うステージに行くことを表します。社会的に成功した人や、年上の大先輩から目をかけてもらえると、これまで想像もしていなかったような新しいチャンスが与えられます。

もちろん、実力を兼ね備えていることは重要なのですが、それだけでは成功できないものです。普段から人間関係を大切にしていないと、どれだけ実力があっても、大きなチャンスが巡ってくることはないでしょう。

あなたの人間関係は、あなたの「器」の大きさまでしか良くなりません。

素晴らしい関係を築きたければ、あなたからアクションを起こしてください。

「感情のシェア」が、絆を深める

私たちは、意識しないうちに、毎日いろんな種類の感情を味わっています。

ポジティブなもので言うと、「幸せ」「喜び」「感謝」「ワクワク」「感動」「躍動感」といった感情です。

ネガティブなものでは、「悲しみ」「怒り」「憎しみ」「絶望」「無価値感」「イライラ」「喪失感」といった感情です。

そういう感情を感じているにもかかわらず、それを言語化して認識することはほとんどないので、自分でも気づくことはありません。たとえば、「あなたのさっきの言葉で傷ついた」といったことは、よほど親しい間柄でないかぎり言わないでしょう。

とくに、社会的な常識とかマナーのために、ポジティブなことは表現してもいいけれど、ネガティブなことに関しては言ってはいけないという空気もあります。たとえば、「この会議のやり方、非能率だと思います。とってもイライラしますね！」と、取引先の会議室で発言することをイメージしてみてください。ちょっとあり得ないですよね（笑）。

ですから、感情表現に関してはＴＰＯをわきまえる必要がありますが、親しい関係では、自分の感情を上手に分かち合ってみましょう。

これを感情のシェアと言います。

私のオフィスでは、もう20年前からやっていますが、今何を感じているかを言い合うだけの時間を毎朝取っています。時間はひとり1分なので、すぐに終わります。

その間、誰からのアドバイスもフィードバックもありません。「今、自分はそういう感情を持っている」ということを言い合うだけの時間です。

それは、ポジティブでも、ネガティブでも構いません。自分の中にある感情を上手にシェアできるかどうかだけが基準です。

そして、お互いに認め合えれば、自然と人間的なつながりは深まっていきます。

第3章
お金の不安と向き合う

お金持ちも、そうでない人も、みんなお金の不安を感じている

あなたは、お金に対して不安を感じていますか？

あなたがよほど大金持ちか、無関心タイプでないかぎり、少しは不安を感じているのではないかと思います。

私は、本の執筆のために、これまでたくさんの方を取材してきました。フォーマルな対談や取材のこともあれば、新幹線や飛行機で隣の席にいた人、カフェで知り合った人と軽くお話しすることもあります。そのときに、お金のことを必ず聞くようにしてきました。

お金に対してどう感じているかとか、どうやってお金を稼いでいるかということを失礼でない程度に聞くと、皆さん赤裸々な話をしてくれます。そういうナマの話が、執筆して

きた本のベースになっているわけです。

お金とのつき合い方は、人によって全然違いますが、共通しているのは、みんなお金との関係で、大なり小なりストレスを感じているということです。

一般的には、億万長者になれば、お金の不安なんか消えると思うでしょうが、そうでもないことがわかります。

たとえば、社員が100人いて、年商何十億円もの売上を上げている社長さんでも、資金繰りや今後のことを考えると、不安になると言っていました。

世界の大富豪ロックフェラーも、自分の財産がなくなってしまうのではないかという恐れから不眠症になっています。主治医が、お金を寄付してみると自分の財産がなくならないことがわかりますよとアドバイスし、それがロックフェラー財団の誕生につながりました。そして、ロックフェラーは不眠症から解放されます。

日本でも、経営の神様と言われる松下幸之助ですら、晩年、松下電器の将来を考えて心配で寝られなかったそうです。どれだけお金があって成功していても、心配し出したらキリがないのです。

ある程度お金持ちになると、周りにはもっとお金持ちがいることがわかります。

私がある資産家の方とお話ししたときのことです。

「何歳ぐらいのときに、自分は金持ちになったと思うようになりましたか？」と質問してみました。

私が予想していたのは、その人の資産が1億円を超えたときとか、年商が10億円を超えたときとか、メルセデスベンツやマンション、別荘を買ったときといった答えでした。

しかし、びっくりしたことに、その人は、しばらく考えてから、「自分は全然お金持ちじゃないですよ」と答えました。

私は「え!?」と、言ってしまいました。正直、自分が聞き間違えたと思ったからです。

そのお金持ちが言うには、「自分なんて全然ちっぽけです。もちろん、自宅は数軒あるし、車も何台も持ってますよ。でも、プライベートジェットは持っていないし、飛行機だってファーストクラスじゃなくてビジネスクラスです。それも、マイルを使ってアップグレードしています」

そう笑いながら答えるのを聞いて、そんなものかなぁと思いました。

それからしばらくして、以前プライベートジェットを持っていたという人と会う機会があって、同じ質問をしてみました。

すると、その人は、「プライベートジェットの駐機場に行くたびに、自分はまだまだ小さいなって思っていました。自分の飛行機は、定員が6名だけど、海外のお金持ちの人は、ジャンボジェットですからね。アラブの王様なんて、内装がすべてエルメスの特注ですよ。僕のはそれに比べたら、軽自動車みたいなもんです」と笑って答えてくれました。

もちろん、少しは謙遜《けんそん》して言っているのでしょうが、自分よりもはるかに金持ちがいるというのは事実だし、自分がお金持ちだと感じていないのは、本音なのでしょう。

ビジネスがずっと好調でいられるわけではないので、業績が悪くなったときに、その人は、真っ先に飛行機を手放したそうです。なので、お会いした当時にはジェット機は所有していませんでした。

お金は十分にあるのに、「維持費を考えたら、不安になった」と言うのです。

そういう話を聞いていると、ある程度お金持ちになったからといって、お金の不安を感じなくて済むわけではないことがわかってきます。

不安というのは、所有する金額とは関係ないこともわかります。

それは、不安が感情だからです。

お金持ちも、普通の人と桁が違うだけで、不安や心配は変わらないというのが実情なのです。

あまりいいニュースではないかもしれませんが、逆に、お金持ちでないからこそ、不安から自由になることができると聞けば、ちょっと嬉しくないですか？

お金の不安が何かがわかれば、対処の仕方もわかってきます。

たくさんのお金が解決策にならないのであれば、何が解決策になるのでしょうか。

それをもう少し見ていきましょう。

お金の不安は、未来への不安からやってくる

あなたは日常的に、お金に関して心配したり、不安を感じることがあるでしょうか？

もしそうなら、どういう不安を感じていたり、心配しているでしょうか。

お金の心配をしているときは、月末の支払いができなくなるなど、将来お金に困ってしまう具体的なシーンをイメージしているのかもしれません。

もし、裕福な家族や友人が周りにいるので、将来は絶対大丈夫だと思えれば、お金に対しても、あまり不安を感じないかもしれません。

そう考えていくと、あなたのお金の不安は、未来に対する不安だと言えます。

もっと具体的に言えば、「将来、お金に困るかもしれない」ことへの不安なのです。

別の角度から見ると、起きてもいない未来に怯《おび》えているとも言えます。

実際に起きてから、対処法を考えてもいいはずなのに、ネガティブな未来に身構えてしまって、今、楽しくお金が使えなくなっているのです。

不安は、まだ起きていないことを恐れる行為です。言ってみれば、将来起きるかどうかわからないことに影響を受けているわけです。

たとえてみると、してもいない借金の利子を払うかのようです。それを払うことで、逆に借金が確定してしまいます。不安を感じていなければ、恐れているような未来にはならないのに、不安を感じるがゆえに、ますますネガティブな未来が来ると確信してしまうわけです。

「望んでいない暗い未来」を自ら確定するのは、馬鹿馬鹿しい行為だと思いませんか？

でも、私たちのほとんどが自分でつくり出したオバケを恐れているのです。

このユーモラスな一連の心の動きを、余裕を持って見られるようになると、あなたは不安のオバケに脅かされることもありません。

そうやって、「お金の不安の正体」を見極めていくことで、あなたは不安から解放されるようになるでしょう。

では、その第一歩として、どういう人がお金の不安を持つのかを見ていきます。

「お金の不安」を持つ人の5つの特徴

あなたは、お金と健康的につき合えていますか？

お金は、あなたにとって親友のような楽しい存在でしょうか？

「今、一番欲しいものは何ですか？」と聞くと、多くの人が「お金」と答えます。

なぜ、お金を欲しがるのか。それは、お金さえあれば、今感じている人生の不安や問題がすべて解決できて、幸せな人生を送ることができると信じているからです。

残念なことに、21世紀の現代でも、多くの人たちが、一生の間、お金に振り回されています。お金の不安から解放されて、経済的な豊かさや自由を得ている人は、世界の人口の１％以下です。

お金には、人を感情的にする魔法のような力があります。それは、私たちがお金に対していろんなイメージを抱いているからです。

好きでもない仕事をしている人にとっては、お金は「自由」の象徴かもしれません。しかし、お金が自由を保証してくれると考える人は、「お金を得て将来自由になるために、今は不自由な状態で働く」という、やや矛盾した人生を送ることになります。

お金を使って人から愛や友情、尊敬を得ようとする人にとっては、お金は「自分の価値」を保証してくれるものかもしれません。けれども、たとえそれらがお金で得られたとしても、自分の本当の姿が評価されたとは思えず、心の底からは満足できないでしょう。

そもそも、本来、お金では得られないものをお金で得ようとするところから、矛盾が生じます。

お金に「安心」を見ている人もいます。しかし、どれだけたくさんあっても、お金が安心を保証してくれるわけではありません。これまでに多くのお金持ちを見てきましたが、彼らの多くも、お金を失う不安にさいなまれ、夫婦関係や家族のトラブルに悩むのを見てきました。人は、お金さえたくさんあれば幸せな人生を送れると思っていますが、現実はそうではないようです。

たとえば１００億円の資産を持っている人でも、お金のことを心配しているのです。景気の変動が激しいこの時代、その資産が、あっという間に50億円になってしまうこともあるわけです。普通の人から見たら50億円も残るんだからいいなぁと思いますが、どれだけお金を稼いでも、資産を築いても、心配はなくならないのがお金の面白いところです。

私はこれまで、たくさんのお金に関するセミナーやカウンセリングをしてきましたが、ほとんどの人たちは、お金に対してネガティブな感情を持っています。

代表的なものは、お金に対する不安、不満でしょう。お金は、いつも足りないと感じやすいものです。将来や、いざというときのことなどを考えると、お金がいくらあっても足りない気がして、自由にお金を使えない、お金のことが心配で今の仕事を辞められないなど、不安が尽きない人は多いでしょう。

お金の不安を抱える人の特徴は、大きく分けると５つあります。それぞれの特徴について見ていきましょう。

不安から自由になるためには、まず不安の正体を見極め、自分の課題を克服することです。

1　お金を稼ぐ力がない

ほとんどの人は、収入源を一つしか持っていません。会社員であれば、一つの会社に勤めて、収入はその会社からもらう給与だけというのが普通でしょう。自営業でも、1社または1店舗しか所有していなければ、収入はそこから受け取れるだけです。

コロナ禍によってお金の流れが変わったことをきっかけに、業界全体が不振に追い込まれることも起きています。万一のときに備えるためには、お金を稼ぐ方法を一つに絞らないことです。どんなシチュエーションになっても対応できるように、これからは複数の収入源を確保しておくことが重要です。

複数の収入源があれば、たとえ一つがダメになっても、なんとかなります。いざ困った状態になったら、いつでも別の分野に移る準備ができていること、自分にはいつでもお金を生み出す力があるという感覚を持っていることが、とても大事です。

2　お金があれば、なんとかなると考えている

お金さえあれば、いろんなことができると多くの人は信じています。そういう人にとっ

ては、お金は全能であるということになります。

多くの人が金持ちになりたいのは、「紙と金属できた物体」をいっぱい集めたいわけではないはずです。お金がもたらしてくれると信じている、「自由や快適さ」が手に入れられると思っているからでしょう。そして、お金さえあれば、現在の人生で感じている不安や問題が、あっという間に解決し、幸せな人生を送ることができると信じているのです。

しかし、実際のところはどうでしょうか？

お金にまつわる数多くのドラマを見てきて感じるのは、「人生の幸せは、お金とうまくつき合えるかどうかで決まる」ということです。

3　周りの人たちを信頼していない

お金さえあれば愛や尊敬、友情が得られると思っている人も大勢います。ある意味で当たっていますが、お金で得られる愛情や尊敬、友情は、表面的でもろいものです。

これらは、お金がなくなると同時に消えてしまいます。ですから、お金でそういったものを得ると、逆にお金を失う恐怖も倍増することになってしまいます。お金を失うことが、愛や尊敬も失うことを意味するからです。

お金で愛、友情、尊敬を得ようとすると、このパラドックスにはまり込んでしまいます。自分が愛されているのは、お金のためではないかと疑心暗鬼になるのです。成功した実業家が、「妻や家族、社員、友人から大切に思われていない」と訴えるのも、それが理由です。お金で愛を得ようとしたのに、実際に愛を得るとお金のせいだと思い悩んでしまうのです。

4 自分の豊かさを信頼できない

自分の豊かさを信頼することは、人生で最も難しいことですが、最も大切なことでもあります。自分の豊かさが信頼できなければ、「とにかくガンバル」地獄に落ちてしまいます。豊かさが他に流れていかないように、必死でせき止めなくちゃと焦ることになります。

ビジネスでは、次々と新しいプロジェクトを進めることに忙しくなってしまい、心から楽しむ余裕なんて消し飛んでしまいます。投資をすれば、いろんな情報に一喜一憂し、狼《ろう》狽《ばい》したあげく、損をすることになります。

多くの人がうまくいかないといっては焦り、自分への疑いや未来への不安でいっぱいになっています。しかし、植物を育てるのと同じように、私たちの人生に豊かさの種をまいて、ゆっくり育てるという態度が必要です。

ここでいう豊かさの種とは、「自分の大好きなこと」だと私は考えています。自分の好きなことをして周りと分かち合っていく人には、素晴らしいチャンスがやってくるし、いい人との出会いも巡ってきます。ここでも「信頼すること」が鍵になります。

5 未来に対して安心感がない

お金の不安の根本にあるのは、先ほども見たように、未来に対しての恐れです。

今お金があったとしても、将来手元にお金が残らないかもしれない……そういった恐れは人生を蝕んでいきます。たとえば、もっと仕事をしてお金を稼がなくちゃとひたすら頑張ったり、パートナーのお金の使い方にイライラしたりするのです。

大切なことは、本来の原因である未来への恐れと向き合い、何があっても、常により良い未来を信じること。自分のところにお金が回ってくると信じることです。

最初は、とても難しく感じてしまうかもしれません。しかし、お金の流れを信じられるようになると、収入が減ったり、無一文になったとしても、それは今だけのこと、とあまりストレスを感じなくなるでしょう。

なぜなら、お金は流れなので、そのうち回ってくるということが、肌感覚で理解できているからです。

そういう感覚がいったん自分の心にストンと落ちてきたら、収入や資産の額とは関係なく、あなたはお金の不安から解放され、平安な気持ちで生きていくことができるのです。

お金は、「入ってきては出ていくもの」ということがわかれば、入ってくるとき、出ていくときのストレスも大きく減るでしょう。

「お金が入ってこないかもしれない」というのは、あなたの中にある恐れです。

「今の手持ちのお金を使ったら、なくなってしまう」というのも、あなたの恐れです。

自分の中にあるお金に対しての飢餓感、欠乏感を見て、それを手放さなければ、心の平安は手に入らないのです。

「お金に対する欠乏感」を癒す方法

お金に対する欠乏感とは、「お金が足りない」「十分ではない」「もっと欲しい」という感覚です。あなたも、感じたことがあるのではないでしょうか？

これは非常に大きなテーマで、深い部分では人類共通の課題でもあると思います。この欠乏感があるために、お金の不安も生じるようになっています。

この欠乏感は、非常にクセモノです。なぜなら、欠乏感は何かを得ることでは満たせないからです。人は、お金の欠乏感を感じると、何かを得ることで、それを癒そうとします。けれども、どれだけたくさんのお金を稼いでも、癒されることはありません。「もっと、もっと」と、欠乏感が膨らむだけなのです。

たとえば、「自分は貧乏だったから苦しかったのだ」と勘違いし、お金を稼げばいいと考え、実業家になる人がいます。実際、実業家として成功している人にはそのような人が多いのですが、彼らの多くは、何億稼いでも、資産をどれだけ増やしても、穴が開いたバケツに水を溜めるように、心は全然満たされません。

なぜなら、お金に関する欠乏感の本質は、お金のあるなしにかかわらず、長い間無意識のうちに信じてきた「自分は十分なものを持っていない」というネガティブな観念にあるからです。そのため、本来ある豊かさの流れを信用できずにいるのです。

では、この観念はどこから出てきたのかというと、もともとは小さいころに家族との関係で受けた傷からきています。

親にすごく怒られて、自分は悪い子だと思ったり、試験に落ちて親にがっかりされ、自分はダメな人間だと思うようになったことなどがあるかもしれません。

つらいときに励ましてもらえなかったり、頑張ったときに「すごいね」と言ってもらえなかったことなども、実は心の奥深くに傷として残っている可能性があるのです。その痛みは、実は人生を通してほぼずっと感じ続けている痛みでもあるのです。

また兄弟姉妹がいると、不公平に感じる出来事が何回も起こり、それがあなたの欠乏感に影響している可能性があります。ほとんどの人たちが、人生でずっとトラウマを抱えながら、苦々しく生きていくのです。

そういうものを一つひとつ思い出し、あなたの過去の痛みと、今の痛みが関係している可能性が高いということを、知ってほしいのです。そういう心の痛みは、まだ癒されていない箇所を知らせるサインだということを理解してほしいと思います。

そしてもしできるならば、その当時、あなたの痛みをつくり出した当事者を思い出して、それぞれがどういう状態だったのかを冷静に振り返るといいでしょう。相手がなぜそういうことをしたのか、あるいはしてくれなかったのかも考えてみるのです。

過去に起きたこと一つひとつに光を当てていくと、実はあなたが小さいころに感じていたさまざまな心の傷には、違うストーリーが同時に存在していた可能性があることがわかると思います。

多分、まだ若かったあなたのお父さんもお母さんも余裕がなく、その当時は大変だったりして、あなたに寄り添えなかった可能性があります。そのシチュエーションをもう少し立体的に理解できるようになると、彼らの気持ちも推察できるようになるでしょう。

過去の出来事に理解が深まってくると、あなたは愛されていなかったわけではなく、ただ単に相手に余裕がなかったことを、愛がなかったと勘違いしていたのだとわかります。そう考えていくと、過去に起きたことの意味づけが変わります。そして、もし誰かあなたにひどいことをした人がいたとしても、それがその人の限界だったということがわかると思います。

そして、そこからは、その事実をあなたが受け入れられるかどうかになってきます。過去の自分に寄り添い、まずそのままいったん受け止められるでしょうか？

過去の痛みを癒していくうちに、あなたの人生に影響力を持っていた過去のトラウマは、次第にその力を失っていくでしょう。

「愛がない」という勘違いからくる欠乏感で焦っていた状態から、「自分は大丈夫かもしれない」「すべては与えられていて、すでに十分にある」「今まで豊かさがちゃんと流れてきたのだから、これからも大丈夫なんだ」という感覚に転換していくのです。

そうすると、幸せな未来を信じられるようになっていくでしょう。

「両親から引き継いだお金観」が、あなたに不安をもたらしている

どんな人にも、今の人生に影響を与えた「お金のドラマ」はあります。

あなたも小さいころ、お金に関してさまざまなドラマを体験していると思います。そのときにお金に対して感じたことや決めたことは、大人になった今でも、知らないうちに影響を与えている可能性があります。

たとえば、両親がお金のことでケンカしているのを頻繁に見たら、「お金は恐ろしいものだ」「お金は人を仲違いさせるものだ」と感じたことでしょう。

お金を無駄遣いしたことで叱られた場合、「お金を無駄にすると、痛い目に遭う」という認識を持ってしまったかもしれません。また、お金は争いの元なので、できるだけ近づ

かないようにしようと考えた可能性もあります。

両親が「お金を稼ぐのは大変だ」と文句を言っていたら、知らないうちに「お金は苦労して、はじめてもらえる」と考えるようになったでしょう。両親の「無駄遣いするな」のひと言で、あなたは貯め込みタイプになったり、稼ぎ中毒になったかもしれません。

経済的にあまり恵まれていない家に育ち、その結果、つらい、寂しい経験をしている人は、お金のないことが羞恥心《しゅうちしん》を引き出すこともあります。わがままに生きることや、お金を受け取ることに罪悪感を持つこともあるのです。

私のお金に関するセミナーに来た人で、お金を使うのが苦手だという人がいました。子どものころのことを聞くと、両親が商売に失敗したせいで、貧しい暮らしをしていたそうです。

無駄遣いするなと叱られて、ときには体罰も受けたといいます。そのような幼少期を過ごした人が、大人になってお金を使うことに抵抗を感じるのも無理はありません。

お金を使うと、ひどい目に遭うというのが、無意識のうちにすり込まれているからです。その人の中では、「お金を使う」ことと、「罰せられる」「両親を悲しませる」ことが同じになってしまっていたのです。

このようにお金に対する姿勢は、いいものも悪いものも、ほとんどが親から受け継いだものです。親がお金とどうつき合っていたか、どう感じていたか、幼いころから見たり聞いたりして学んできたすべてのことからきているのです。

もし、自分がお金に対して抵抗感や罪悪感といった負の感情を感じていて、それを変えたいなら、その気持ちが芽生えたときのことを深く掘り下げてみてください。

お金と幸せにつき合うには、まず、自分がお金とつき合うときのパターンが、どうやって形づくられたのか、問題の原因を明らかにしなければなりません。

親子関係において「起きたこと（＝してほしくなかったこと）」「起きなかったこと（＝やってくれなかったこと）」を一つひとつ思い出し、受け入れるプロセスが必要です。

過去を振り返るのは、ときにはつらく、苦しいことかもしれません。しかし、今のあなたのお金との関係を生み出した根本的な原因を理解してください。それをしないと、ずっと心に澱《おり》のようなものを抱えて生きることになります。

記憶の奥にしまい込んだドラマを思い出すことで、お金に対する恨みつらみから自分自身を解放してあげることが大切です。

そして、お金と自分との複雑な関係を理解するためには、親のお金に対する態度や考え方がなぜそうなったのか、想像してみましょう。共感はできないまでも、どうしてお金のことでイライラしていたのか、どうしてケチで細かかったのか。そのようなことを人間として理解することです。

あなたが子どものころ、両親の人生はどんな感じだったか、想像してみてください。

彼らは、どのような家庭に生まれ、経済状態はどうだったか。祖父母のお金観をどう受け継いだのか。二人の価値観がどんな割合でブレンドされていったのか。あるいは、うまく混じり合わなかったために、不仲になってしまったのか、思い出してください。

今のあなたの人生と同じように、すべてが理想の状態ではなかったはずです。彼らの行動の裏には、あなたがまったく知らなかった痛みや苦しみがあったはずです。そういった家族のドラマを知ることが、両親を、そして自分を理解することにつながっていくのです。

誰も悪いわけではないのに、あなたの家族全員が深く傷つきました。お金のせいでもありません。家族をとりまくそのシチュエーションが、悲劇を生んでしまったのです。

どういう生き方をすれば、お金に恵まれるのか

世の中には、貧困意識で生きている人と、豊かさ意識で生きている人がいます。貧困意識で生きている人は、絶えずお金の不安を感じて自分の資産や収入を増やすことに精力を傾けます。また、豊かさの流れを自分のところでせき止めようとします。

一方、豊かさ意識で生きている人は、そんな面倒くさいことをせずに、豊かさの流れを信用して、流れていくに任せるという態度で生きています。自分の持っている才能を他人と最大限に分かち合い、本人はただ楽しいことをやっているだけなのに、周りの人から感謝され、豊かになる。そんな豊かさの循環を、自分発で生み出しています。

豊かさには回路のようなものがあります。一度、その回路が開かれると、そこからどんどん豊かさが広がっていくのです。

この豊かさ意識は、どうしたらつくれるのでしょうか。

自分から「先に与えること」にフォーカスして、自分発で豊かな流れをつくるのです。

他人から何かを得ることばかり考えていると、望むものを手にできれば相手を愛し、手にできなければ相手を憎むということになります。私たちはよく、こういった条件付きの愛を取り引きするような人間関係に陥ります。

この、「何かを得る」という動機が行き着く先は、葛藤と苦悩です。

一方、「与える」ということは、相手に何も期待せず、いっさいの境界線を設けず、無条件に自分の愛を差し出すということです。

「人に与える」ことで、あなたの豊かさ意識は大きくなります。なぜなら、人に与えるたびに、「自分には、他人にあげるだけの豊かさがある」という感覚を持てるからです。

とはいえ、与えるといっても何を与えるか、悩んでしまうと思います。自分は、何も与えられないと感じるかもしれません。でも、難しく考えることはないのです。

お金や高価なプレゼントをあげる必要はありません。自分の持っているもの、たとえば、知識や技術などをオープンにする、困っている人がいれば助けてあげるなど、無理のないものから始めてみてください。笑顔でも、褒め言葉でもいいのです。何かを与え始めると、そこで得た喜びや感動によって、あなたの人生は確実によくなっていきます。

自分の持っているものを分かち合いたい、もっと人のために尽くしたいと思う人は、魅力的なオーラを発するようになります。そうすると、磁石のように、人や情報、モノ、お金が引き寄せられるようになって、自然といろいろなことがうまくいくようになるのです。

あなたが、社会に対して与えられるものは何でしょうか？

心に余裕がない状態だと、どうしても与える気持ちになれないかもしれません。それでも、自由な心で与えたぶんだけ、自分に返ってくるというルールは変わりません。自分の持っているものを少しずつでもいいので、与えてください。

ビジネスの世界でも、これからは、助け合う、分かち合う時代です。たくさんの喜びや感動が集まるところに、より多くのお金が集まるようになっていきます。自分のクライアントや取引先に心を尽くして仕事をしている人、人が喜んでお金を払いたくなる価値を提供する会社は、必ず評価されるようになるでしょう。お客さんのことをどれだけ親身になって考えているかが利益に結びつき、結果的にあなたは尊敬されるようになります。

お金持ちにならなくても、「一生お金に困らない人生」は実現できる

お金の不安から解放されるためには、何億円もの資産を築かないといけないと考えている人もいるようです。

でも、それはなかなか現実的ではないし、そのために無理をする必要もありません。どちらかというと、ほとんどの人は、お金持ちになるよりも、「一生お金に困らない人生」を望むのではないでしょうか？

この2つは、似ているようで、全然違う人生です。

お金に困らない人生とは、自分のお金がなくなっても、助けてくれる友人、知人、お客さんがいることを意味します。

あなたがピンチに陥ったとき、助けてくれる人が何人いるか。あなたのためなら駆けつけてくれる人が何人いるか、考えてみましょう。

これからの時代は、たくさんお金を貯めるよりも、深い信頼で結ばれた人脈を持つことのほうがよほど役に立つようになります。

私は講演会でよく、「あなたには、１週間泊めてもらえる友人が何人いますか？」と聞きますが、たいていの人が10人以下で、20人以上いると答える人は、ほとんどいません。

もし、あなたがすべての財産を失ったとしても、１週間、あなたの家族に部屋と食事を提供してくれる友人が52人いたら、１年間は乗り切れるわけです。

「あなたのためなら」と惜しまずに力を貸してくれる味方は、何人いるでしょうか？

あなたのことが大好きで、何かあったら助けてくれる人たちです。

真の安全は、どのくらいお金を持っているかではなく、誰を信頼しているか、信頼されているか、これにかかっているのです。そのためにも、今の友人をもっと大切にして、さらにこれから新しい出会いを深めていきましょう。

お金は、「ありがとう」で受け取り、「ありがとう」と気持ちよく使う

「お金が入ってきたらありがとう、出ていくときにありがとう、と感謝の気持ちを持つのが大切」。これは私のメンターで個人投資家だった故・竹田和平さんの教えです。

感謝とともにお金を受け取り、感謝とともにお金を出す。これができるようになると、「楽しいお金」が人生で増幅していくという法則があります。まだ、科学的には解明されていない部分ですが、私のお金持ちに関する研究では、お金と感謝には、はっきりとした相関関係があります。

あなたは普段、お金が入ってくるとき、どのような気持ちで受け取っていますか？

気持ちよく、感謝とともに受け取っているでしょうか？

受け取るというと、なんとなく気まずく感じたり、申し訳なく思うかもしれません。たとえば、1万円の食事をご馳走になって、「ごちそうさま」と素直に感謝できる人もいれば、恐縮してしまう人もいるでしょう。そう感じる人は、与えなければ豊かさは回ってこないと信じている人です。

豊かさの研究をしてわかったのは、「与えることが受け取ることになり、受け取ることが与えることにもなる」ということです。自分の大好きな人に何かをあげたときのことを想像してください。相手が大喜びしてくれたら、あなたも嬉しくなるでしょう。あなたが与えた相手は、「気持ちよく受け取ることで、あなたに喜びを与えている」わけです。

豊かさ意識で生きる人たちには、感謝しながらお金を受け取るセンスがあります。一方、貧困意識で生きる人たちには、手にしたものを感謝して味わうことができません。

たとえば、あなたがコーチングのサービスを提供しているとしましょう。世の中には、たくさんのコーチがいるにもかかわらず、「自分のことを選んでくれて、ありがたいなぁ」と思えるかが大事です。

お客さんが、あなたにお金を払うということは、あなたのことを信頼して、あなたが素晴らしいと思ったからこそ、お金を払ってくれています。ですから、そういったことに対して、心から感謝できるかどうか。そして、そのお金が入ってきたときに「自分は豊かさを受け取る価値がある」と思えるかどうかが、重要なポイントだといえるでしょう。

私は、「感謝するものは増えていく」という法則があると思っています。たとえば、あなたがひいきにしているお店に、友人を連れていったとします。そのお店の主人が心からあなたに感謝して、全身で喜びを表現してくれたら、また新しい友人を連れていって、喜んでもらおうという気分になるはずです。

人との出会いを心から感謝して味わう人や会社のところに、お金、人、チャンスが引き寄せられていく。同じことがお金にもいえます。お金に対していつも感謝している人は、お金に関するチャンスを引き寄せます。

では、感謝とともにお金を出すのは、どうでしょうか?

おそらく、慣れないうちは難しく感じると思います。それは、なんだか損をした気持ちになったり、お金が出ていったら戻ってこないように思えるからでしょう。

しかし、考えてみてください。あなたがお金を払ったということは、あなたに対してお金を払ってくれた人がいたということです。あなたが働いている会社、バイト先、両親など、必ず誰かいるはずです。そして、あなたがお金を払ったことで、店員さん、商品を製造している人、企画した人など、携わる人たちにお金が循環することになります。

そう考えると、お金が出ていくことは、とても豊かでありがたいことではないでしょうか？　そこに感謝することができれば、豊かさを感じることができるはずです。

給料が入ったら、通帳を見ながら、お金を払ってくれた会社やバイト先のことを思い浮かべて、「ありがたいな」と心の中で感謝してみてください。

請求書が来たら、その数字を見て動揺してはいけません。人によっては、破り捨てたい衝動にかられるかもしれませんが（笑）、落ち着いて、その数字を見てください。そのお金が払えるぶんくらい、あなたには収入があったことを思い出してください。それを感じながら、その請求書にも、にっこりして「ありがとう」と言ってみてください。

感謝とともにお金を払う、ワクワクしながらお金を使う、誰かを信じてお金を渡す。これをしばらく続けたら、知らないうちに、お金が出ていっても、自然と感謝する習慣がついている自分に驚くことでしょう。

これからは「無形資産」が評価される

あなたは今まで、自分の資産状況と、向き合ったことはありますか？

「資産」と「負債」という言葉を聞いて、どのようなことを想像しますか？

それぞれの定義について、説明することはできるでしょうか？

多くの人は、資産と負債の定義があいまいです。ある程度のお金を持っている人でも、明確に答えられる人は、あまりいません。だからこそ、お金のことで悩む人が、あとを絶たないのでしょう。

『金持ち父さん 貧乏父さん』の著者ロバート・キヨサキ氏の定義によると、資産は「その人にお金をもたらしてくれるもの」、負債は「その人からお金を奪うもの」です。これ以上に簡単な定義はありません。

具体例を挙げながら、もう少し詳しく見ていきましょう。

あなたが、マンションを購入したとします。さて、そのマンションは、あなたにとって資産でしょうか？　それとも、負債でしょうか？

答えは、あなたがどうやってそれを買ったかによって違ってきます。もし、ローンで購入して、まだ完済していないのであれば、それは負債です。なぜなら、ローンを完済するまでは、法律上も銀行の資産だからです。現金で買ったり、ローンを完済してはじめて資産ということができます。誰かに部屋を貸して、家賃収入を得ているなら、それは資産として、あなたにさらなるお金をもたらすのです。

車もそうです。現金で買ったとしても、その価値は目減りしていきます。車は、持っているだけで維持費もかかるので、負債的な性格を持った資産だと言えます。10年も経ったら価値がほぼゼロになってしまう、やや特殊な資産なのです。一方、同じ車でも、時間がたつにつれて価値が上がっていくクラシックカーは、本物の資産です。富裕層の車好きな人が、クラシックカーにハマるのにも理由があります。それは、趣味と実益を兼ねているからです。

これらのことからもわかるとおり、一般的に資産といわれているものであっても、状況によっては負債だったりするのです。最初は、ちょっと混乱するかもしれませんが、まず、この違いを理解してください。何が資産で、何が負債なのかを理解することで、豊かさに近づくことができます。

次に押さえておきたいのは、資産には有形資産と無形資産の2つがあることです。

資産の定義をより広くとらえると、現金や金（ゴールド）、宝石、車、不動産、株、美術品などカタチがあり、電卓で計算できる（＝課税対象になる）ものだけでなく、あなたが持っている知識、経験、人脈、創造性など、カタチがなく経済価値を計測する手段がない（＝課税対象にならない）ものもすべて「資産」だといえます。たとえば、あなたをサポートしてくれるお客さんが1000人いたとしたら、それは十分な資産ですが、それは課税対象にはできないのです。

無形資産には、誰かに感謝されていること、信頼されていること、大切に思ってもらっていることなども含まれます。たとえば、地域で何十年もお店をやっている人は、それだけたくさんの人に信用されていると思います。お店ができたころから通ってくれているお客さんは、お店やオーナーを愛してくれています。その応援エネルギーは数字では計測することはできませんが、目に見えない資産です。

また、一般的には有形資産に目がいきがちですが、今は有形資産がなかったとしても、無形資産をちゃんと築いていけば、何度でも人生をやり直すことができます。

新しい視点で、自分のお金をどこに使うのか、考えてみてください。

お金は、あなたの人生を豊かにしてくれるエネルギーです。

銀行の口座にとどめておくだけではもったいなさすぎます。

どうお金を使ったら、あなたの幸せにつながるか、いつも意識しましょう。

「お金は、私の幸せのためにある」と、心から納得できれば、お金とつき合うのが、今までよりも楽しくなると思います。

お金は、あなたを束縛するものではなく、自由にするものです。もし、自分がお金に縛られていると思っているとしたら、それはあなたの頭の中で起きていることです。

お金の不安から、自分を自由にすることで、楽しい人生のほうに意識を向けてみましょう。

第4章

仕事の不安と向き合う

仕事の不安は、あなたを心身ともにボロボロにしてしまう

お金の不安とともに、あなたの人生を蝕む可能性があるのは、仕事のストレスと不安です。仕事がうまくいくかどうかは、とくに男性の幸せにとって大切な要素だというデータもあります。自殺の原因を見ても、40代、50代の男性の多くが仕事がらみの悩みです。

健康や人間関係の悩みは、男女ほぼ同じであるのに比べて、男性が仕事から受けるストレスは、より大きいといえます。それは、自分の価値と仕事を結びつけているからです。男性は、仕事ができなくても人間としての価値は変わらない、とはなかなか感じられないようです。

では、仕事ができる人は、不安から解放されて毎日幸せに生きているかというと、そうでもありません。なぜなら、仕事はうまくいったらいったで、悩みも増えるからです。仕

事がうまくいくと、もっと仕事が入ってきます。すると、そのプロジェクトがうまくいくか、お金が十分回るかなど、考えなければいけないことも増えます。そのうちに、不安が大きくなります。

ビジネスが拡大していくと、途中でうまくいかないことも出てきます。そうやって、いったん成功したのに行き詰まってしまう人のほうが、人生にも絶望しやすくなります。

もともと仕事ができない人は、それだけでは死ぬことはありません。それは、その人にとっては、ある意味でノーマルな状態だからです。ところが、プライドが高い人は、そうはいかないのです。仕事ができない自分を受け入れられない経営者は、ときに死を選んでしまうかもしれません。

たとえば、ダイエットに失敗したからといって、人生もうダメだとはなりません。ですが、恋愛や仕事、お金で失敗すると、人は死にたくなってしまうのです。それだけ、その分野での失敗は絶望が大きくなるということでしょう。

そういうことを踏まえたうえで、あなたが、「仕事からどういうストレスを受けてしまっているか」を見ておくことは、不安と向き合うときに役立つと思います。

仕事の上り調子、下り調子は、たいてい交互にやってくる

どんな人の人生にも、上り調子のときと、下り調子のときがあります。人生において、ずっと上り調子の人はいませんし、逆に下り調子がずっと続く人もいません。

それは、仕事やビジネスでも同じです。上り調子のときは、何をやってもうまくいきます。逆に、下り調子のときは、何をやってもはずしてしまうものです。

この上がり下がりを読み違えるから、いい調子で成功しかけた人でも途中で脱落してしまうのです。これは、バブル崩壊やリーマンショックなどを経験したことがない若い経営者やビジネスパーソンは理解しておくとよいでしょう。今、コロナで苦しんでいる人も多いと思いますが、いつか必ず終わるでしょう。

多くの人は、「どうやって売上を上げるか？」「いかに集客するか？」など、ビジネスのやり方ばかり考えてしまいがちです。それも大切な要素ですが、もっと大事なことがあります。

それは、10年単位の視点で見ることです。簡単に言うと、今はブレーキを踏むときなのか、それともアクセルを踏むときなのか、それを考えることです。

いつでも自分のビジネスがどちらに向かっているかを判断できるといいのですが、それができる人は、少数派です。

上り調子のときにはある程度アクセルを踏み、下り調子のときにはブレーキをかけないといけないのです。ですが、多くの人は、上り調子のときに怖くなってブレーキをかけてしまい、せっかく成長できたのに止まってしまいます。

逆に、下り調子なのにアクセルを踏んでしまうので、事故につながってしまうのです。とんでもない失敗というのは、調子が落ちているときに、失敗を挽回しようとして、勝負に出たときに起きるものです。

調子が下降気味のときは、次に何をやりたいのかをじっくり考える時期だと心得ることです。いったん立ち止まって、休むのもアリなのです。

仕事の不安を読み解く

もし、あなたが仕事に対して不安を感じていたり、心配がある場合、その正体が何なのか、もう少し突き詰めてみましょう。今の仕事が続けられないことなのか、評価されないことなのか、仕事での人間関係がうまくいかないことなのか。今の職業を続けていけるかという心配もあるかもしれません。売上が先細っているので10年後はないかもしれない。そんなことがミックスされて、不安をつくっています。

実際には、たとえ一つのプロジェクトが大失敗しても、その後うまくリカバーすることはできます。悪いことに悪いことが3つぐらい重ならないと、恐れているような事態にはならないのですが、いったん不安スイッチが入ると、不安のドミノ倒しは止められなくなります。

自分が恐れていることの主体をはっきりさせないと、その原因が見えてきません。逆に、不安の根っこがわかると、対処法も同時に見えてくるので、何らかの行動に移すこともできます。ただ将来の影に怯えているだけでは、何もできません。正しく恐れ、冷静に対処することが肝心なのです。

今の仕事がうまくいく見通しが立たない場合は、仕事自体を変えてしまうことも考えてみましょう。何度も仕事を変えていくうちに、自分と相性のいい仕事に出会うこともあります。不安を感じたまま何もしないのではなく、できるかぎり頭と体を動かしましょう。そのうちに、何かひとつの行動が大当たりすることもあるし、出会った人が新しい仕事に誘ってくれたりして、そこから人生の様相が大きく変わっていったりします。

しかし、動かなければ、そこで終わりです。「捨てる神あれば、拾う神あり」という諺《ことわざ》があるとおり、なんとかなるものです。

40歳以上の人に聞いてみると、たいていそういう体験をしています。まだ若い人は信じられないかもしれませんが、人生はうまくいくようにできているのです。

強い向かい風のときこそ、人生を変えるチャンス

今私たちは、時代の大きな変化の分岐点にいます。変化の風が吹くときは、お金の流れが変わり、トレンドも変わります。ですから、世界がどのように動いていくのか、時代の流れを見逃さず、しかるべき手を打っていける人にとっては、大きなチャンスが訪れるときだといえます。

一方、今現在、前に進むための追い風も、向かい風も吹かない、凪《なぎ》のような状態にいる人は、自分から何かを動かさないと、停滞したままになる可能性が高いでしょう。これから想定外のことが雪崩《なだれ》のように起きたとき、そのままの状態でいるというのは、時代が許してくれないかもしれません。

今、強い向かい風が吹いているなら、それは、次元上昇する最大のチャンスでもあります。ただし、あなたのビジネスや人生を次の次元へ引き上げるには、今やっていることをゼロベースにして考える必要があります。

たとえば、あなたが今、誰とどのような契約をしているかはわかりませんが、ここから新しいパートナーと契約することによって、販路を拡大させることができます。

もし、あなたが従業員の場合、パートナーは会社です。新しいパートナーと契約するとは、今の従業員契約を解消して、あなたのスキルや経験、才能を評価してくれる、複数の会社と契約することが次のステップかもしれません。実際にやるかどうかは別として、そのくらいのつもりで、一度、頭の中をクリアにしてみましょう。

自営業の人は、今の販路をどうやって拡大すればいいか考えてみてください。

飲食店を経営して、お店の中だけで食事を提供してきた場合、お客さんが来店しないかぎり利益を上げることはできないわけです。時短営業や休業を余儀なくされた途端に収益は激減します。しかし、今の時代の流れを含めて考えるなら、テイクアウトのサービスや出張料理、ネット通販、料理人を育成するスクールなど、複数のキャッシュポイントをつくるほうがチャンスをつかみやすくなります。

ピンチには、必ず将来のチャンスにつながるようなことが隠されています。製造業で親会社が倒産して、「自分の工場もダメか」となった瞬間に、新しいアイデアを思いつき、そこからオリジナルの部品をつくり出して成功している会社もあります。

ピンチは「別の場所に道があるんだ」というサインでもあります。私の場合でいえば、『happy money』を世界40か国以上で出版し、２０２０年は、夢だった世界講演ツアーをスタートする予定でした。ところが、コロナ禍により、海外はおろか日本でもリアルセミナーはできなくなりました。そこで気持ちを切り替えて、ここからはもう全部オンラインでやるぞ、といって一気に準備を始めました。

すると、驚いたことに、今までだったら講演会の参加者は１０００人規模だったのが、ライブ配信を始めたら、その10倍もの参加者が視聴したのです。「健さんの本は一冊も読んだことがないけどファンでした」という、今まではあり得ない数の新しい人たちが参加してくれたのです。

それだけでなく、アメリカ、ドイツ、スペイン、スイスなどの会社から声がかかり、数千人から数万人規模のオンラインセミナーに、講師として招かれ始めました。

このように、販路を開拓する、コンセプトを変えてしまう、業種を変えてしまうことも含めて、時代の風に合わせていけたら、ビジネスを以前よりも大きく拡大することも可能です。

あなたがこれから働く業界が、数年後、どうなっているのか。消費者の動向がどう変化しているか。時代の風向きを見極めましょう。10年くらいの単位でカメラを引きで撮るように見ておかないと、業界そのものがなくなってしまう可能性があるので、いろんな角度から見ることをおすすめします。

たとえば語学教育は、今後ますます大きく変化していくでしょう。私は、同時通訳の機器が出るたびに購入して試しているのですが、最近は驚くほど精度が上がってきています。近い将来、観光などで日常的な会話をする程度であれば、不自由さを感じることはないと思います。ということは、語学スクールなどの事業は、これから難しくなることを意味します。

ガソリンスタンドも、ハイブリッドカーや電気自動車が増えると、経営が成り立たなくなるはずです。同じように、車の自動運転が始まったら、ドライバーという職業もなくなるでしょう。コインパーキングも不要になり、車の市場も今の3分の1になる可能性が出てきました。

そういう斜陽産業で、市場規模が縮小傾向にあるなら、あなたがどんなに頑張っても、結果を出すのは難しいでしょう。たとえば、今から畳屋をやろうと思っても、今後ますます和室のない家が増えていけば、仕事になりません。そのように、なくなっていった職業はたくさんあります。

靴屋さん、ガラス屋さん、畳屋さん、酒屋さん、電器屋さん、魚屋さん、肉屋さんなどの多くが商店街から消え、代わりに郊外のスーパー、量販店に吸収されました。当たり前のことですが、社会に求められないものはいずれ消えていく運命にあるのです。

そういう産業で仕事をしている人は、「人生を大きく変えるチャンスが来た」と考えてみましょう。

新しい時代は、何に価値が置かれるのか

一昔前の日本では、年功序列と終身雇用が当たり前でしたが、今は多くの会社で実力主義、成果主義が導入され、転職もごく一般的なものになりました。

また、一つの会社という枠組みの中で働くというよりは、個人がプロジェクトベースで働くようになりつつあります。今後さらに個人で自分の仕事量を自由に選択・調整できるようになるでしょう。

職種によっては、テレワークが普及したことで、働く場所の自由度も大幅に上がりました。わざわざ高い家賃を払って都心に住む必要はなくなり、田舎での生活を楽しみながらテレワークで仕事できるようになったのです。

こうしたライフスタイルの変化によって、どのような価値観へとシフトしていくのか。

人々のニーズのある場所を考えることも大切です。

そうすることで、これからの時代に合った、あなたらしいビジネスをつくることができると思います。数年前まで、ユーチューバーという職業が想像できなかったように、新しい時代になれば、新しい仕事も必ず生まれてくるでしょう。

たとえば、同じような価値観を共有する人たちが集まり、旅行を楽しんだり、特定の分野のことを学んだりして共存していくような流れがすでに始まっています。この流れを受け、オンラインサロンのように、「この人と関わりたい」「このコミュニティに所属したい」と積極的に動き出す人が増えてきています。そのため、「人との感情的なつながり」を感じさせるビジネスがより重要視される可能性が高くなるでしょう。

「Amazon」や「食べログ」のような格付けによる評価システムも、これからの時代は、個人が評価の対象になるかもしれません。

個人がプロジェクトベースで働くようになれば、誰がどんなスキルや経験を持っているのか、客観的に把握できる仕組みが必要になるからです。

あなたは、なぜ仕事をするのか？

ここで改めて、そもそもあなたがなぜ仕事をするのかについても、見ておきましょう。

あなたには、仕事に関して、明確なビジョンがありますか？

ビジョンとは、「あなたが仕事で、どういう世界をつくり上げたいのか」「社会に何を提供したいのか」ということです。どんな厳しい変化が訪れたとしても、その思いが明確で、「私もそう思う」「それいいね！」「次はどんなことをやるんだろう」といった共感や注目を集めることができると、ビジネスはうまくいきます。

なぜなら、あなたに共感する人は、あなたが提供する商品、サービスを買ってくれるだけでなく、喜んで協力したいとか、応援したいと考えるようになるからです。ビジネスは、自分の頑張りだけでうまくいくものではありません。周りからの応援や協力があって、はじめて成功するのです。

自分で事業をおこす自営業であれ、自分の労働力やサービスを会社に提供する会社員であれ、これから、あなたが何を始めるにしても、ビジョンがわかりづらかったり、あまり共感されないビジネスは、周りに「結局、この人は何がやりたいんだろう?」という印象を与えてしまいがちです。そのために商品やサービスが売れないとは言いませんが、リピーターやファンは増えないでしょう。

1億円稼ぎたいといったように、売上の目標をビジョンのように掲げる人がいますが、それだけではうまくいきません。周りから共感や応援を得られなかったり、目標を達成した途端、ビジネスを続ける目的を見失うことがあるからです。

ビジョンは、あなたが進む方向性を明確にしてくれる役割があります。何をやればいいか、行き先が明確になるのです。

ビジョンを明確にすると、「これは自分がやるべき仕事か、やるべきではない仕事か」を即決できるようになります。

たとえば、カウンセラーとして活動する人が、「より良いパートナーシップを築くためのサポートをする」というビジョンを掲げていたとしましょう。その場合、パートナーシップ以外の仕事の依頼がきたとき、「それは自分のやるべき仕事ではない」というように、即決できるわけです。

逆に、ビジョンが明確ではなかったら、「なんか儲かりそう」とか「今流行っているから」といった理由でビジネスを始めてしまい、中途半端になってしまいます。

また、やたらと忙しくなった割には稼ぐことができない場合も、ビジネスが失敗する原因になりやすいのです。たとえ、うまくいっていたとしても、どこかのタイミングで「なんか違う……」と感じて、続けるのが苦しくなっていくと思います。

ビジョンに沿ったことに取り組んでいると、情熱の源泉とつながりやすくなります。一度、情熱の源泉とつながると、モチベーションを維持しようとしなくても、精力的にビジネスに取り組むことができるのです。

たとえば、イタリア料理のオーナーシェフとして、お店を経営している人がいたとしましょう。その人のビジョンが「食を通じて、人に感動を与えたい」というものだった場合、食材の仕入れや、仕込み、調理などにおいて、ひと手間も、ふた手間もかけたりするでしょう。なぜなら、その人は「どうやったら、お客さんに感動してもらえるか？」といったことをいつも考えているので、周りの人が「そこまでやるか？」ということでも、やらずにはいられないからです。

そのとき、モチベーションを高めよう、維持しようなどとは、考えたりしません。ビジョンに沿ったことに取り組んでいるので、努力をしている感覚はないのです。

まったくビジョンを持たずにお店を経営している場合、「今日は疲れているから、この程度でいいか」といって、モチベーションによって仕事の質が変わりがちです。その結果、どうなるかは言うまでもないでしょう。いずれお客さんが離れていきます。

あなたが今、「モチベーションが上がらない、維持することが難しい」という悩みを抱えているなら、その原因はビジョンの有無が関係しているかもしれません。

この機会に、ぜひビジョンを明確にしてみてください。自然と情熱の源泉につながり、毎日モチベーションを高めなくても、仕事に打ち込めるようになるはずです。

ビジョンを持つといっても、すぐにパッと浮かんでこないかもしれません。そのときは、あなたがビジネスを始めた動機を思い出してみてください。

自分に合ったポジショニングを見極める

ポジショニングとは、自分の立ち位置のことです。「私の会社、商品・サービスの特徴はこれです」と、ひと言で他との違いが言えることを意味します。

どんなお客さんにリピーターになってもらえたら自分が気持ちいいのか、１０００人規模なのか、１万人規模なのかなど、自分がどういった立ち位置でビジネスをやるか、しっかり考えることが大事です。成功しているビジネスは、例外なくポジショニングがはっきりしています。

残念なことに、ビジネスでうまくいっていない人は、商品・サービスの質ばかりに気を取られて、自分の立ち位置であるポジショニングを疎かにしがちです。どれだけ素晴らしい商品やサービスをつくっても、ポジショニングを間違えるとうまくいかないでしょう。

それは、似たような商品やサービスの中に埋もれてしまうからです。

たとえば、胡蝶蘭を専門に売る花屋をやるとしましょう。そういった花屋は、探せばいろいろあります。お祝い用の高品質な胡蝶蘭だけを扱う花屋もあれば、品質よりも配達スピードにこだわる花屋もあるわけです。品質の保証に力を入れるなら、写真や動画を活用してどんな胡蝶蘭を届けるか、事前にお客さんに知らせるサービスを提供するのもアリだと思います。

でも、「○○の胡蝶蘭」というポジショニングを確立しなければ、インターネット花屋さんの一つにしかなりません。毎月定額で胡蝶蘭を届けるサービス、1か月枯れない保証、枯れたらすぐに交換するなど、自分が確立するポジショニングに必要なサービスを追加していけばいいのです。

ビジネスの面白いところは、すべての場所に成功する道があるということです。高級路線・低価格路線、大規模・小規模のどちらに行っても成り立ちます。ただし、中途半端なデスバレー（死の谷）に行くとすぐにダメになるので、そこは気をつけましょう。

自分の才能を活かす場所を間違えない

仕事には無能、三流、二流、一流、超一流といったように、レベルがあります。

たとえば、歌が上手な人であったとしても、友人と比べればうまいというくらいで、プロになるほどのレベルではないかもしれません。これは文章や料理、カウンセリング能力などでも同じです。

まずは自分の才能がどのレベルなのかを、自己評価してみてください。

最初は、無能レベルです。何も考えず、不得意なことをやっている状態です。自分に向いていないことをしているため、うまくいかないストレスに苦しみ、上司や同僚、お客さんから怒られることばかりです。そのままだと、周りからの感謝も賞賛ももらえない人生になるでしょう。人に迷惑をかけず、楽しく生きるためには、少なくともこのレベルから脱する必要があります。

次に、三流レベルです。普通の生き方で、可もなく不可もなくという感じです。給料や報酬も、いわゆる世間で普通ぐらいしかもらえません。海外旅行は、せいぜい新婚旅行か、数年に一回、グアムとか韓国など近場なら行けるかもしれません。

二流レベルになると、得意なことをやっているので、会社でも、自営業でも、一定の評価を得られます。一流の仲間入りはできませんが、ある程度豊かな生活ができるくらいの収入にまでは到達します。しかし、さらに上を極めるところまではやらないため、クオリティーはいまひとつです。また、それなりに名前が知られることはありますが、あくまでもごく狭い範囲にとどまります。

一流は、得意なことをさらに高め続けるレベルです。自分の才能を見極め、それを100%発揮できる分野を選んでいるため、人にはマネできない才能で成功することができます。心からワクワクして、クリエイティブなアイデアが自然に湧き出てくるため、応援してくれる人も自然に集まります。別の分野で一流の生き方をしている人たちと、お互いに一流へ向かう幸せな交流を持つこともできます。

超一流は天才レベルです。生まれながらの天才肌にしか辿り着けない、目指すものではなく、おのずと「なるもの」なので、普通の人には縁のない世界です。行こうと思っても、行けるわけではなく、目指すなと言っても、そこに行く人は行ってしまいます。彼らは、自分のライフワークに異常なこだわりがあり、最高の結果を残すためなら、犠牲を払うことに躊躇がありません。だからこそ、後世に残るような仕事ができるのです。

自分のレベルを冷静に評価してみると、「自分はまだまだだな」「自分には無理だ」と落ち込む人もいるかもしれませんが、現実を直視して、受け入れることが本当のスタート地点です。

自分の才能を活かした仕事に就いていたとしても、うまくいかない、あるいはうまくいっているのに充実感を得られないときには、「そっちじゃないよ」と言われているということも覚えておいてください。

自分が本来いる場所に行かないと、人生の花は開きません。

京都大学iPS細胞研究所の山中伸弥教授は、研修医時代は劣等生だったそうです。外科手術の才能がないため、普通なら20分で終わる手術が2時間経っても終わらない。役立たずで邪魔になるということから、指導医からは「ジャマ中」と馬鹿にされていたといいます。無力感に悩み、自問自答した彼は、臨床医をあきらめ研究者になる決心をします。この挫折が、のちのノーベル生理学・医学賞の受賞につながったのです。

あなたは、自分がいるべき場所にいるでしょうか？

もし、そうであれば、今の人生に深い感謝を感じながら、毎日ワクワクして好きな活動をやっていることだと思います。

そうでなければ、「このままでいいのかなぁ」とか、「毎日が退屈だなぁ」と感じていることでしょう。先行きに対して不安を感じているのなら、それは、あなたが本当にいるべき場所にいないからです。

ベストセラー作家で、私の親友の望月俊孝さんが、「成功指定席」という言葉で、このことを表現しています。あなたには、あなたのために用意された席があるのです。

くれぐれも、「自分の居場所を間違えない」ことです。頑張ってもダメなところからは離れて、自分の場所を見つけましょう。

今の仕事で、自分の才能を使えているか

これまでの時代は、とくに自分のスキルや才能を意識しなくても、仕事はできたと思います。大きな会社に勤めていたり、自営業でも、それなりにやっていくことができたからです。

ですが、現在は売上の激減や、大規模な赤字などで多くの業種が苦しんでいます。それは、中小企業にかぎらず、大企業までを巻き込んでいます。そういった時代で生き抜いていくためには、際立った特徴がなければやっていけません。

新しい時代で活躍するヒントは、あなたの「才能」を活かすことにあります。

自分の才能を活かして、楽しく、ワクワクしながらできることなら、質を高めるために必要な努力はなんでもやれるでしょう。

逆に、あまりやりたくないことをやった場合、そこまでの努力はできないと思います。その努力の差が、あなたの仕事の結果に、そのまま反映されるのです。

あなたは、「才能」と聞くと、どんなイメージを持ちますか？

「自分にも、何かあるかもしれない」と思う人もいれば、「有名人・スポーツ選手・一部の天才など、特別な人だけが持つものだ」と感じる人もいるでしょう。

世の中には、日常的に才能を活かしている人と、まだ自分の才能を見つけていない人がいます。ですが、才能がない人は、誰一人としていないのです。

では、才能って、いったい何だと思いますか？

才能の本質とは、「自然にできること」、「人より上手にできること」、「その人らしさの表現」、「磨けば、原石からダイヤモンドに変わるもの」、「その人の幸せの源泉」です。

たとえば、あなたが周りから「もっと本格的にやったらいいのに」とか、「あなたは、それが本当に上手だよね」などと言われることは何でしょうか？

もし、何も思い当たることがないなら、家族や友人、職場の同僚などに聞いてみてください。返ってきた答えが、ほとんどの場合、あなたの才能だと言えるでしょう。

あなたの中には、たくさんの才能が眠っています。人を癒す才能、人と人をつなぐ才能、人を笑わせる才能、モノをつくる才能などです。

ですから、あなたがこれからビジネスにおいて幸せに輝くためには、まずは自分の「才能の埋蔵量」を測ることが大事です。

才能は、いろんな紆余曲折を経て、出てくるようになっています。ここでは、わかりやすくするために、「才能は、心の地層に埋まっている」とイメージしてください。

「どんな才能が出てくるかなぁ」とワクワクしながら掘っていくと、数十センチ掘っただけで見つかる才能もあれば、数十メートル掘らないと出てこない才能もあります。

では、早く掘れればいいかというと、必ずしもそういうわけではありません。地層のごく表面にある才能らしきものは、すぐに枯渇してしまうことが多いからです。

また、一つひとつの才能はそこそこでも、落ち込む必要はありません。他の才能との掛け算で勝負していきましょう。才能を掛け合わせていくと、よりあなたらしい世界がつくられていきます。

今の仕事で、感謝されているか？

今の社会のシステムは、誰かを喜ばせている人数だけ経済的利益も増えるようになっています。

「本当にありがとう」「おかげですごく助かりました」「こういうものをずっと探していました」「あなたみたいな人に会いたかったです」と感謝されたときは、そこになんらかの価値が生まれていたのです。

いい加減な商品やサービスを提供している場合、当然のことながら、お客さんから感謝されることはありません。

たとえば、接客が雑で、お店の雰囲気も悪く、味も普通の料理を出すレストランがあったとしましょう。あなたがそんなお店に入ったとき、帰り際、店員さんに対して、心から

「ごちそうさま」と言うでしょうか？

表向きは「ごちそうさま」と言うかもしれませんが、心から「ありがとう」とは思わないはずです。むしろ、心の中では「二度と来るもんか！」と思うかもしれませんね。

そういった意味では、お客さんから感謝されるビジネスになっていない場合、つねに集客に悩んだり、売上が上がらず困ったりするでしょう。

では、お客さんから感謝されるビジネスをするには、どうしたらいいのでしょうか？

ビジネスの本質とは、傍をラクにすること、すなわち「誰かの役に立つこと」や「誰かを助けること」です。

つまり、お客さんの役に立つことや、お客さんを助けることを、いつも考えながら仕事をすることが大切なのです。

とはいえ、難しいことをする必要はありません。あなたができることの中でも、とくにお客さんがラクになること、役に立てることをやればいいのです。

そのときのポイントは、あなたの才能を使って「自分も心から楽しめること」、「周りから喜ばれること」をすることです。

そういったことをしていくと、毎日、「どうやって喜んでもらおう」とか「どうやったら人の役に立てるかな」と自分の才能に磨きをかけながら働くことになるはずです。この流れが生まれてくると、商品やサービスの質がどんどん高まっていきます。

自分の才能を最大限活かして、お客さんを徹底的に喜ばせることに集中していくと、はじめは「小ありがとう」だったとしても、「中ありがとう」、「大ありがとう」へと変わり、10人、100人、1000人とお客さんから感謝される機会が増えていくのです。

このサイクルをずっと続けていけば、自然と口コミが生まれるようにもなって、幸せに豊かさを手にすることになるでしょう。

あなたの取引先、上司、部下、同僚など、仕事関係のすべての人が、感謝し合っているかも見てみましょう。

感謝の連鎖が起こると、「自分が役に立てることはないかな?」とか、「もっとあの人を助けてあげられないかな?」と、お互いに考えるようになります。それがビジネス全体の質を高めることになり、巡りめぐって、お客さんからさらに感謝されることにつながるのです。

これからは、うまくいくビジネスとうまくいかないビジネスの二極化が加速していきます。そんなときだからこそ、より真剣に、「感謝されるビジネスとは何なのか」について、考えてみてください。そこに、ビジネス成功の鍵が隠されています。

ビジネスは、「困っていること」を解決することで成り立っています。

クリーニング店は、家庭の洗濯の代行サービスだし、ウーバーイーツなどの料理を配達する業態も、取りにいくのが面倒なお客さんと、配達できないお店を上手につなぐことで成功しています。

あなたが普段から「あったらいいいな」と思うものやサービスを、これからも新しいビジネスが提供することになるでしょう。

「ありがとう」を集めたビジネスが成功するのです。

人を喜ばせることは、仕事で得られる素晴らしい報酬であり、人間にとって最高の喜びのひとつでもあります。

あなたが、たくさんの喜びを仕事に見いだすことを、心から願っています。

第5章

健康の不安と向き合う

健康には、宿命と運命がある

あなたは、これまで健康に生きてきましたか？

それとも、病気がちだったり、事故に遭ったりして、不自由な思いをしてきましたか？

健康は、他の分野以上に、その人の宿命ともいうべきものによって決まります。

たとえば、生まれつき病気がちの人もいれば、若くして白血病になったり、がんになる人がいます。また、事故に遭って、その後遺症に苦しむ人もいます。

そういう、自分ではなんともし難い宿命のようなものに翻弄される人はいます。

私が考える宿命と運命の違いをここで説明してみます。

宿命とは、その人が生まれたときに定められたものです。

運命とは、その人が育つ過程で、変えられるものです。「運ぶ命」なので、自分で決められるものだと言えるでしょう。

宿命のせいで、子どものころ病気がちだったとしても、大人になってから節制して、健康になる人がいます。20代、30代を半病人のように過ごしたものの、健康に気をつけて、94歳まで生きたパナソニックの創業者、松下幸之助は、その好例だと言えるでしょう。

一方、健康的な体をもらって生まれてきたのに、不摂生をして、暴飲暴食、お酒をやめないために、40代でボロボロになる人もいます。

両親から丈夫な体をもらったのに、自分の不注意のために、若くして病気になって死ぬ人もいます。宿命としては、長く生きられたかもしれないのに、もったいないことです。

逆に、とても健康に気をつけているのに、突然病気になって亡くなる人もいます。あなたの周りにも、そういう人がいるかもしれません。このように、健康や寿命に関しては、本人の努力とは関係なく、宿命に抗《あらが》えないこともあるのです。

だからと言って、自暴自棄になる必要はありません。あなたが健康に関してできることを地道にやることで、一生を通じての健やかな生活をエンジョイすることができるでしょう。

病気への不安は、年齢とともに大きくなる

あなたは今、健康に関して、不安を感じていますか？

もし、あなたが40歳以下なら、ほとんど不安を感じていないのではないでしょうか。今、体調が悪いのなら別でしょうが、若いうちは、ほとんど感じないものです。いろいろと不安を感じ始めるのは、だいたい50代、60代になってからです。

家族の中に病気がちの人がいたり、早く亡くなった人がいる場合、ちょっと胃が痛かったり、頭が痛いだけで、不安になると思います。「がんかも……」「脳の血管、大丈夫かな？」など、心配し出したら、キリがありません。

50を過ぎると、自分の両親や親戚だけでなく、友人、知人で亡くなる人が出てきます。

また、自分の父親、母親が比較的早くに亡くなった場合は、今の自分の歳から数えて、「あと8年で死んだのか……」と、感慨深く思ったりするのです。

自分の家系に胃がんで死んだ人が多いと、ちょっと胃がもたれただけで、ドキドキするかもしれません。また、両親ともに脳の疾患で亡くなっていると、少し頭がズキズキしただけで、脳梗塞かと焦ってしまったりするのです。

病気には、防ぐことのできるものと、できないものがあります。普段どれだけ節制していても、がんや心臓発作、脳梗塞などを100%防ぐことはできません。だから、なんとなく不安を感じるようになってしまいます。

ある意味では、この不安は当たっているし、それによって残された時間を大切に生きようという気持ちにもなれます。健康とは少しテーマが違ってきますが、大切なことなので、もう少し見ていきましょう。

お金や仕事、人間関係は、普段から大切にしていると、一瞬で失うことはないと思いますが、健康に関しては、どれだけ頑張っても、失うことがあります。ですから、ある種の開き直りも必要になってきます。

「どうせ死ぬときは、死ぬ」

この当たり前の事実を静かに受け入れられると、グッと不安は減ります。

自分の死生観が確立されると、不安が入ってくる余地もなくなっていくでしょう。

いくら健康に気をつけても、死ぬときは死ぬし、末期がんになっても、寿命があれば、そのときには死なずに、奇跡的に回復してその後長生きする人もいます。

興味深いのは、同じ「いずれ人間は死ぬ」という事実に対して、人によって違う反応の仕方をするところです。

いずれは死ぬことになるけれど、それまで自分の命を大切にしようと思って生きる人もいれば、どうせいつかは死ぬのだから、暴飲暴食して好き勝手やって、病気になったら死ぬのうという刹那《せつな》的な人もいるでしょう。

健康に関してどう振る舞うかは、その人の人生観によって大きく違ってくると思います。

自分の死に対して、そして生きている間の健康について、今のうちに考えておきましょう。

死ぬことに関して心が定まってくると、不安もなくなっていくと思います。

50代後半から、体に痛い箇所が出てくる

ただ、そんな悟りのような境地にすぐ辿りつけるわけではありません。自分の両親や親戚、学生時代の友人がちらほら亡くなっていく50代から、その準備は始まります。

そのサインは、体に痛い箇所が出てくることです。

30代、40代のうちは、事故で怪我した人以外、大多数の人は痛みに悩まされることはありません。50代になって、膝やひじが痛い、肩が凝って頭が痛くなるなどの症状が出てきます。

いろんな年代の人にインタビューがてら体の痛みについて聞くと、60代、70代の人は、ほとんどがなにかしら不調を抱えています。高血圧、糖尿病、痛風など、インタビューのうち10分は病気の話で脱線してしまいます。みんな自分の病気について話したいのです。

あたかも、たくさん話せば症状が緩和したり、不安がなくなるかのようです。

年齢とともに、体のどこかしらに痛いところが出てくるのが、老いなのです。

私は、アメリカのＴＬＣというベストセラー作家のグループで年に２回、セミナーを受けています。各分野の世界的な専門家が、自分の専門分野のことを教え合うということをやっています。

あるとき、招かれた講演者がカイロプラクティックの有名なドクターで、「痛みをストレッチで消す」というテーマで講演してくれました。

ＴＬＣの会議はリゾート地で開かれるので、参加者の中には部屋でゆっくりしたりする人もいて、全員出席することはなかなかないのですが、その講演はほぼ全員出席していました。

そして、彼の講演の最初の質問は、「この部屋の中で、体のどこかに痛みを抱えている人は手を挙げて」というものでした。

すると、40代以下の数人以外、ほぼ全員が手を挙げました。60代、70代のメンバーが多いので、たくさん手が挙がるだろうとは思っていましたが、これほどまでに、みんな痛いところがあるのかと、びっくりしました。

その後のランチタイムは、今までで一番盛り上がりました。自分の具合の悪いところを話し合って、親身に聞いてもらえるのは幸せなことなのだとはじめて知りました。

自分に痛いところがないと、なかなかわかりにくいのですが、自分の痛みや大変さを理解してもらえたら、それだけで救われた気持ちになるのです。

この本を読んでいるあなたも、今、体のどこにも痛みがなければピンと来ないかもしれませんが、「○○が痛い」という両親、上司、取引先、パートナー、友人がいれば、共感してあげてください。それだけで、あなたは信頼されるし、評価は高まります。

あなたが言うことは、たったひと言だけです。「痛いのはつらいですね」。それだけで、相手はわかってもらった気になります。

いろんな年代の人に聞いてみると、やっぱり50代に入ったあたりで、膝、腰、首、目などどこかに痛みを感じる人が増える印象があります。

痛みは老化の初期サインです。そしてそれは、自分の死に向き合わなければならないというメッセージでもあります。

健康法難民にならないために

あなたは、健康にいいことを何かやっていますか?

低糖質ダイエット、生食ダイエット、一日一食、一日七食、フルーツダイエット……。

本屋さんに行けば、そんな本がダイエットコーナーを占拠しています。

どの健康法がいいのか、人によってまったく違います。いろんな方法があり、それぞれ効果を裏付ける学説もあり、とても説得力があります。

私たちが戸惑うのは、世界的権威と言われるドクターや研究者が、まったく真逆のことを言い、それぞれに何十万人ものフォロワーがいることです。

たとえば、「一日一食のほうが体にいい」と言う人もいれば、「一日のうちに6、7回食べたほうがいい」と言う人もいます。

糖質が体に悪いと言う人もいれば、脂質が悪いと言う人もいます。果糖が多いのでフルーツは食べてはいけないと言う人もいます。「そもそも、昔は日本にグレープフルーツなんてなかったでしょ？　南の島の果物を江戸時代の人が食べたと思いますか？　地産地消が体にいいに決まってます！」と言われると、そのとおりだと思ってしまいます。

ローフードがいいと言って、生食を進める栄養の専門医もいれば、生のものは体を冷やすと言う中医学の専門家もいます。

いったい、誰を信じればいいのでしょうか？

最終的には、自分の体質によると思います。ビタミンなど栄養に関しては、動物である人間として共通に必要なものもあるでしょうが、意外に個体差が大きい感じがします。

ダイエット難民になる人は、すぐに信じやすく、冷めやすい人たちです。結局のところ、自分にとって一番良いのは何かをリサーチし、試してみて、結論を出しましょう。

いろいろ試したうえで、自分の健康法を確立する

一番大切なのは、あなたの健康を自分で確立することです。これは、その人の体質によるので、血のつながった家族でも、まったく違ってくる可能性があります。

ある人にとって最高の食べ方が、他の人には合わないかもしれません。本に書いてあることを信じがちですが、何が合っているかは、自分の体に聞いてみるしかありません。

具体的には、生食ダイエットがいいのか、マクロビダイエットがいいのか、一日一食か、何度も食べるか、それぞれの方法を一定期間試してみればいいのです。

そして、その後、どれが良かったか、判断してみましょう。体重の変化や朝起きやすくなった、体調が良くなったなどを手帳に控えておくと後で役に立ちます。数週間やってみ

ると、自分にその健康法が効いているのかがわかります。

簡単な方法としては、体重の増減や体の調子で判断できるでしょう。目覚めが良くなった、疲れにくくなった、気分がいいというのも、その健康法が合っているサインです。

もし、完璧にやりたいのなら、その都度、血液検査をして、ビタミンやその他の数値を見比べるといいでしょう。

残念ながら、世界のトップレベルのドクターがおすすめしても、あなたの体質に合わなければ、それはやめたほうがいいのです。「自分の体に聞く」という感性が大事です。

頭のいい人や自分を律するのが好きな人は、つい頑張りすぎてしまいます。ジョギングがいいと思うと、雨の日も、大嵐の日もやり続けます。また、サプリメントやプロテインがいいと思ったら、一日に大量に飲む人もいます。

健康のために始めたトライアスロンの大会に出場して、膝を痛めた人がいます。今では、日常生活も杖が手放せなくなって、後悔しているそうです。そもそも、なんのために運動をやり始めたのかを忘れて熱中してしまったのです。

健康に対しても、ほどほどを心がけるぐらいがいいのかもしれません。

健康寿命は、思ったより短い

あなたは、健康寿命という言葉を聞いたことがありますか?

今、日本人の平均寿命は、男性がだいたい81歳、女性が87歳です。普通は、平均寿命から今の自分の年齢をマイナスして、「あと〇〇年生きられるのか」と考えるのではないでしょうか。

しかし、ちょっと考えるとわかりますが、寿命の年ギリギリまでずっとエネルギッシュに生きられるわけではありません。皆さんの祖父母や両親のことを思い出すと、人によっては、亡くなる前の数年間は、どこかしら具合の悪い時期がありませんでしたか?

病気になって入退院を繰り返したとか、延命治療をして数か月寝たきりだったということがあったかもしれません。そういう状態になる前、健康的に暮らせる年齢までを「健康寿命」と呼びます。これは、痛い箇所が１か所もない完全な健康状態ではなく、いろいろ痛いところはあるけれど、普通に生活できるという状態です。

その健康寿命を聞いて、驚きました。なんと健康寿命は、平均で男性72歳、女性75歳だそうです。男性は９年、女性に至っては12年も、死ぬまでずっと病気の状態を過ごさなければいけないということです。

もちろん、すべての人がそうなるわけではありませんが、人生の８分の１もの時間を死への準備に費やさなければいけない計算になります。子どもだった15歳ぐらいまでの時間を引くと、あなたが人生の中で健康的に使える時間は、ざっくり計算して70％しかないのです。

今、40代の人はあと30年、50代の人はあと20年しかありません。その時間の中から仕事や家事の時間を引くと、自由に使える時間がわずかしかないのです。

そうは言っても、一昔前、私たちの両親、祖父母のころから比べたら、めちゃくちゃ恵まれています。50年ごとに遡ると、平均寿命は、たった３世代前には、今の半分ほどだったことがわかります。

日本人の平均寿命は、明治30年代（1900年ごろ）は、男性44歳、女性45歳。昭和25年（1950年）は男性58歳、女性61歳でした。平成12年（2000年）になって、男性78歳、女性85歳と大幅に延びています。

この数字を見て、ドキッとしませんか？

私たちの両親や祖父母が生まれたころは、みんなそんなに長生きしていなかったのです。たった数世代前の話です。自分の祖父母の両親は、40代が寿命だったなんて、驚きですよね。今のあなたの年齢には、もうお墓の下に眠っていたかもしれません。

そう考えると、私たちは余分に時間を与えられているのです。

そのことに対して、もっと感謝するべきかもしれませんね。

もう一度、健康寿命の話に戻りますが、あなたは普段からどれだけ健康的に生きていますか？

食事は健康にいいものを食べているでしょうか？

タバコやお酒とは適度につき合えているでしょうか？

運動は、日常的にできているでしょうか？

どういう健康法でも、こういったことが最低限必要だと考えられています。もし、あなたが健康に気をつけていなければ、健康寿命は平均よりも短くなる可能性があります。家系的に長生きする、しないはあるにせよ、あなたが何年生きられそうか、計算してみてください。

そして、今の生活を死ぬまで続ける未来について考えてみてください。

それに対して、ワクワクできるでしょうか？

今40代、50代の人は、毎日がルーティン化していると思います。この数年、似たような仕事や家事をやっている人は、それをやり続けた後に死んでも後悔しないでしょうか。

それでは嫌だと思った人は、これから何をやればいいと思いますか？

自分が死ぬときに、「この10年、○○をやれて楽しかったなぁ」と笑顔になれる活動を今から考えましょう。すぐにはできなくても、数年かけて理想の方向に歩んでください。

健康を失う前に、普段から大切にしておく

あなたは、人生で何を一番大切にしているでしょうか？

仕事やお金を大事にしていると、健康は後回しになっているかもしれません。

夜遅くまで残業したり、睡眠時間を削ったりしていませんか？

もし、そういうことをやっていたら、いずれ健康を失うことになります。

健康という資産はいったん失うと、回復するのに手間も時間もお金もかかります。なので、失わないようにするのが一番肝心なのですが、多くの人はそれができません。健康診断で引っかかったり、実際に具合が悪くなったり、入院したりしてはじめて気づくのです。

人生の過ごし方は、いろいろあります。しかし、何か問題が起きることを想定して、それを回避することができるのが一番賢い生き方です。

この生き方ができるタイプの人は、人間関係、お金、仕事、健康など、大切なものを大切なものとして扱って生活しています。

次に賢いのは、わかっているけれどなかなか大切にできないという人です。このタイプの人は、家族や健康が大事なのは頭ではわかっています。でも、日々の忙しさに追われて、家族との時間や自分の健康を後回しにしています。

あまり賢くないのは、子どもが非行に走ったり、自身が病気になってはじめて、家族との関係や健康と向き合う人です。家族との良好な関係や健康など、大切なものを失ってから、はじめて気づくのです。

たとえば、自分の子どもが万引きで捕まって、警察に迎えに行くとき、子どもに問題行動があったことをはじめて知り、まったく気がつかなかったことに愕然とします。

手遅れではないかもしれませんが、理想は、そういうことが起きる前にちゃんと向き合ってておくことです。子どもとコミュニケーションを取れていたら、子どもはそういう行動をしなかったかもしれません。また、激務が続く中でも、心と体をしっかり休める習慣があれば、病気で倒れることにはならなかったでしょう。

健康よりも大切なこと

ここまで見てきて、自分が健康的に生きられる時間の短さに愕然として、もっと時間を大切にしなくてはと思った方もいるでしょう。男性は、65歳でいったん仕事を辞めるとすると、その後、7年しか自分の時間を使えないことになります。

もし、今の延長線上の人生が72歳、あるいは75歳まで続くとしたら、「ああ、いい人生だったなぁ」と言えるでしょうか？

もし、今の人生に「ＹＥＳ！」と言えなかったとしたら、あなたにとって大切なことが何か、考え始めましょう。

それが、もし、今の仕事や家事でないとしたら、何を大切にしたいのでしょうか？

今はわからないかもしれませんが、それを突き詰めて考えていくことは、これからの人生を充実させるためにとても大事です。

極端に聞こえるかもしれませんが、「あなたが、あなたらしく生きること」は、お金よりも、仕事よりも、大切なのです。

健康に不安を感じたとき、ひょっとしたら、本当は病気ではないかもしれないのです。いざ病気になったとき、「なんで元気なうちにあれをやっておかなかったんだろう?」と後悔する未来を恐れているかもしれないことを考えてください。

あなたが、５年後、10年後に、病気になったことを想像してみましょう。

そのとき、最も後悔することは、何でしょうか?

海外旅行に行かなかったこと?

それとも、自分のお店を持たなかったこと?

本を書いたり、歌を作ったりしなかったこと?

あなたの不安をテコにして、何をやらなかったら後悔するかを考えておきましょう。

第6章

自分の人生を生きる

生きたいように自由に生きているか

この本では、不安をいろんな角度から見てきましたが、ここではもっと積極的に、不安を解消する方法を見ていこうと思います。

これまでにたくさんのインタビューをしてきた体験から、今の成功レベル、資産規模、容姿は、その人の幸せに直接関係がないと、私は考えています。

それよりも重要なのは、その人が、「生きたいように自由に生きているか」です。

大切だと感じることを中心に生活できている人が、幸せになれるのです。

たとえば専業主婦で、子どもを育て、家族の健康を守ることに喜びを感じている人は、高収入でも、自分の好きなことをやれていない人より、はるかに幸せになれます。

逆に、キャリアウーマンで自分の思うまま活躍できている人は、不満だらけの主婦よりも幸せです。「自分らしくいられる」というのが鍵なのです。

たまたま女性の例が続きましたが、男性でも同じことが言えます。出世ばかりを気にしていてストレスが溜まっている高収入のエリートビジネスマンよりも、低所得でも、自分のやりたいお店をやっている自営業の男性のほうが何倍も幸せです。

それで生活が成り立っていることは最低条件ですが、高級車を所有しているか、別荘があるかなどは、あまりその人の幸せには影響しません。それよりも、時間を自分の思うままに使えるかどうかのほうが、はるかにその人の幸せに影響を与えるでしょう。「どう時間を使うのか？」は、不安をより感じなくて済むことと関係してくることも見えてきます。

自分のやりたいことがはっきりしていて、好きなことを忙しく追いかけている人は、不安を感じている暇がありません。やりたいことが次々出てきて、それをどうやってこなしていくかに、すべてのエネルギーが注がれているからです。

今、お金が手元になかったとしても、不安を感じる代わりに、どうやってお金をつくろうかとワクワクしてしまうのです。それは、彼らが、「ライフワークを生きている」からです。

ライフワークとは、「人生の目的」を表現すること

あなたは、ライフワークという言葉から、どんなことをイメージしますか?
私が考えるライフワークとは、仕事のことだけを指していません。
これから、ライフワークとは何なのかについて、お話ししていきたいと思います。

1 天の仕事(天職)である

よく、適職と混同されますが、適職と天職は、意味合いがまったく異なります。

適職は、その人に適した仕事のことです。もともと持っている才能を使ってできる仕事ともいえます。

一方、天職は、持っている才能を使いつつ、それに取り組んでいると楽しかったり、とても上手にできたりすることです。あっという間に時間が過ぎてしまうほど熱中してしまうことでもあり、このために生まれてきた、そう思えるものともいえます。

「このくらい、誰にだってできる」などと考え、押し入れの奥にしまい込んでいることがあるならば、それはあなたにとって、天職である可能性が高いでしょう。

2 自分らしく「人生の目的」を表現すること

あなたがこれから何らかの活動をするとき、その活動のベースに「人生の目的」があります。

自分の内面からあふれる情熱、愛情や友情の表現が、ライフワークです。つまり、その人の魂の本質、心の深いところから感じる喜びを表現することがライフワークを真に生きるということなのです。多くの人たちは、目の前のことばかりに気を取られて、この大切なポイントを見落としてしまいがちです。

あなたの仕事や活動のベースにある、「人生の目的」は何でしょうか？

まずは言葉にしてみることにチャレンジしてください。それによって、あなたの「人生の目的」を見つけるスイッチがオンになります。

3 自分の本質を仕事のカタチにアレンジしたもの

ライフワークとは、生き方そのものです。ですから、必ずしもそれが仕事になるとはかぎりません。ですがもちろん、上手にアレンジして、仕事のカタチにすることはできます。

たとえば、あなたが人からよく相談を受けるタイプだとしましょう。その場合、普通に相手の話を聞いたり、一緒にお茶しているだけでは仕事にはなりません。

でも、カウンセラー、コーチという仕事にしていくと、自分の才能を発揮することができるようになります。あるいは、人を元気づけることが得意なのであれば、コーチとして活躍することができるかもしれません。

大切なことは、まず、自分の本質を見極めることです。自分の本質さえわかれば、それを仕事のカタチにアレンジすることは、難しくないでしょう。

4 自分が最も輝ける活動

あなたには、自分がワクワクして、時間を忘れて熱中するようなことはありますか？テレビゲームかもしれないし、読書、スポーツ、音楽など、いろんな分野にあなたの好きな活動があると思います。それをやっているあなたは、とっても輝いています。

その中で、あなたが一番輝ける活動は、いったいどのようなことでしょうか？輝くといっても、ステージに立ってみんなの注目を浴びることではありません。自分のエネルギーレベルが高くなって、誰も止められないような情熱が出てくることです。

あまり意識したことはないかもしれませんが、ぜひこの機会に考えてみてください。

それは、絵を描くことだったり、料理をすることかもしれません。あるいは、調べ物をしているとき、人と人をつなぐことかもしれません。

モノをつくること、旅すること、人前で話すこと、デザインすること。

あなたが自然にイキイキと輝けることが、ライフワークです。

そう言われても、あまりピンとこないかもしれません。どうしてもわからないときは、家族や友人に聞いてみるといいでしょう。「〇〇をやっているときに、すごくイキイキしてるよ」と、周りから指摘されて、はじめて気づくことがあると思います。

5 人に影響を与えられるもの

すでに、あなたは何らかの活動をしているかもしれません。自分が心から「やりたい！」と感じて活動しているならば、とても素晴らしいことだと思います。ですが、それだけでは、ライフワークに取り組んでいるとはいえません。

あなたらしさが、人に影響を与えているかどうかを見てください。影響が及ぶ範囲は、家族や友人だけかもしれません。あるいは、住んでいる地域や、特定の業界にも広がっているかもしれません。これを機に、自分の活動を客観的に眺めてみてください。どのくらいの人たちに、どのような影響を与えているでしょうか？

また、これからはどうでしょうか？

あなたが本気でライフワークを生きようと動き始めることを待っている人が、きっといます。

6 自分の中にある幸せの源泉

そこにつながるだけで大きな幸せを感じたり、すごく心が満たされたり、静かなワクワクを感じることが、幸せの源泉です。情熱があふれ出てくる場所ともいえます。

自分の内面からあふれる情熱を表現することがライフワークなのであって、それが人にどう受け止められるのかは考えない状態。それが真にライフワークを生きている状態といえるでしょう。

あなたの幸せの源泉は、何でしょうか？

つい時間が経つのを忘れるくらい、熱中することはありませんか？

あなたのライフワークの芽は、そこに眠っているはずです。

未来から逆算して、必要な「未来の一点」を決める

私たちは、自分の心がワクワクする未来を自由に選ぶことができます。「こんな人生にしたい！」と心から望む生き方を、自由に選んでいいのです。

けれども、実際のところはどうでしょうか。目標を立てたり、願望を紙に書き出したりすることはあるかもしれません。ですが、そのほとんどを叶えることができず、いつもの日常を繰り返しているのではないでしょうか。

目標や願望が、なかなか叶わないことには理由があります。まず、親から受け継いだ価値観や、過去のトラウマ、いつの間にか「自分はダメな人間だ」と信じ込んだ思い込みなど、過去の経験・出来事から現在を見て、現在から未来を考えてしまっています。

たとえば過去に、自分のやりたいことを人から「向いていない」と言われて、落ち込んだことがあったとしましょう。その経験を引きずって、「やっぱり自分には向いていない」という観点から、未来を決めてしまう。これでは、なかなか人生は変わりません。

過去は、あなたの未来といっさい関係がありません。過去の延長線上に現在や未来が存在するわけではないのです。実際に、「向いていない」と言われ、挑戦して成功した人たちだってたくさんいます。

また、多くの人たちは、自分が一番選びたいことに、エネルギーを注いでいません。どちらかというと、心配や不安にエネルギーを注いでしまっています。理想の未来を思い描くとき、「こうなったら嫌だな」とか、「本当にやっていけるのかな？」「うまくいくのは、ほんの一握りの人だけ」など、心配や不安に意識が向いてしまうのです。

そうなると、心配や不安のエネルギーが、どんどん集まってきます。結果的に、不安や心配の多い未来を、現実に自分でつくり出してしまうのです。だから、あなたの理想の未来は実現しないどころか、恐れているものを引き寄せてしまうという寂しい結果になっています。

大切なことは、人生の目的地を最初に明確に決めることです。そして、未来から逆算する生き方を選ぶのです。

せっかく何かをやろうと思っても、それが具体的に何かわからないと、実現しません。たとえば文章を書きたいと思っても、フリーランスのジャーナリストになりたいのか、ブロガーになりたいのか、作家になりたいのかによって、進む方向と必要なスキルが違ってきます。よって、具体的にどこへ行きたいのかを事前にはっきりさせる必要があります。

自分が一番選びたいことに意識をフォーカスすると、そこにたくさんのエネルギーが集まり始めます。それは、カーナビに行き先をセットするのと同じようなものです。一度設定すれば、あとは自動的に望む未来へ行けるようになっています。

そして、行きたい未来を決めたら、そこに至るまでに、何をやらなければならないのか、次に必要な「未来の一点」を具体的に決める必要があります。自分が「行きたい未来」を決めることで、次に行くポイント（到達点）は自然と決まってきます。

3年後に、カウンセラーとして独立することを決めたなら、そこから逆算して考えます。たとえば、2年後には、本業よりもカウンセラーとしての収入が、上回るようにしておく。来年、副業としてカウンセリングの仕事を始めるために、今年中にまずどんなカウンセラーになりたいか決めて、カウンセリングの勉強に取りかかる。このように、できる、できないはさておき、「ちょっと無理かな？　でも、頑張ればいけそう」くらいのポイントを逆算して設定してもらいたいと思います。

望む未来に辿りつくために、どのくらいのステップを踏まなければならないかは、あなたが何をやるかによって変わってきます。3ステップくらいでできることもあれば、10ステップくらい必要になることもあるでしょう。しかし、安心してください。決まりきったルートがあるわけではなく、その行き方は自由です。また、途中でやりたいことが変わることもあるし、それはそれでいいと思います。

では、どのようにステップを選んでいけばいいのか。それは、「直感」です。右へ進めばいいのか、左へ進めばいいのか迷ったときは、直感で決めればいいのです。

何をすればいいか、誰と会うのか、AとBのどちらがいいかなど、理想の未来への旅の途中の判断を、直感にゆだねてみましょう。戦略的に考えることは大切ですが、そのとおりに物事が進むことはまずありません。頭で考えすぎず、心の声にしたがってみるのです。思わぬシンクロニシティに導かれて、スムーズに人生が流れていくようになります。

最高の人生を実現するためのマインドセットとは

自分の好きなことを追いかけていくと、必ずこれまでの考え方（マインドセット）が問われます。

マインドセットとは、習性となった心の在り方、出来事に対する見方、とらえ方、考え方のパターンを意味します。おもに、教育、経験、文化、時代背景、価値観などから形成されるものです。

どんなときも、豊かさ意識で生きると決めているのか。あるいは、うまくいったら調子がいいけれど、ダメなときは落ち込むのか。毎日どのようなマインドセットでいるかが、あなたの人生をつくるのです。

あなたは普段、どのようなマインドセットで生きているでしょうか？

今までと全然違う人生のステージへ進む、次元上昇できる人とできない人のマインドセットには、８つの違いがあります。一つずつ、見ていきましょう。

１ 志向に対するとらえ方

次元上昇できる人は、成長志向です。今の自分に満足しつつ、ここからどういうふうに成長できるのか常に考えています。一方、次元上昇できない人は、安定志向です。変化を起こすよりは、今の状態がいいと感じています。

２ 価値基準に対するとらえ方

次元上昇できる人は、何を学んだのか、何を学んでいくのかを大事にします。つまり、常に「自分軸」で物事を判断したり、行動を起こしているのです。一方、次元上昇できない人は、人にどう思われるのかを重視します。つい周囲にいる人の視線、顔色を気にして、一歩踏み出せないことが多いのです。

3 ピンチに対するとらえ方

いろんな問題が起きたとき、成長のチャンスととらえるのが次元上昇できる人です。次元上昇できない人は、成長のチャンスととらえることはほぼありません。どちらかというと、できるかぎりこれを回避しようとします。挑戦したり、無理難題に取り組むのではなく、近寄らないようにするのです。

4 失敗に対するとらえ方

次元上昇できる人は、失敗したとき、今の段階ではできていない事実を受け止めます。けれども、「いずれ、クリアするぞ！」というふうに考えるのです。次元上昇できない人は、「失敗するなんて恥だ」「もう、これで終わりだ」ととらえるのです。場合によっては、失敗を人生転落と考えるケースも少なくないでしょう。

5 動機に関する考え方

ワクワクや喜び、愛を自分のモチベーションのエネルギー源にしているのが、次元上昇できる人です。一方、特別感を得たい、人から認められたいといった承認欲求を、モチベーションのエネルギー源にしているのが次元上昇できない人です。

6 才能に関する考え方

次元上昇できる人は、才能は誰にでもあると考えています。それは、自分のこともそうですし、周りにいる人に対しても同じです。次元上昇できない人は、一部の特別な人だけが才能を持っていると考えています。逆にいうと、普通の人に才能なんてないととらえているのです。

7 努力に関する考え方

努力は、自分を磨くための行為と考えているのが、次元上昇できる人です。一方、次元上昇できない人は、自分は無能だから、努力しなければダメなんだというふうに思っています。これは、努力が長続きするかどうかを分けるポイントでもあります。

8 批判に関する考え方

批判をひとつの意見ととらえたり、ありがたいアドバイスととらえるのが、次元上昇できる人です。誰かから批判されたとき、「ああ、そういう見方もありますね。ありがとうございます」と受け止めることができます。しかし、次元上昇できない人は、批判を否定や攻撃ととらえてしまいます。そうすると、その批判から何かを学ぶことができなくなります。

これまでのマインドセットを変える5つのステップ

マインドセットは、あなたの感情や思考、行動、習慣の土台です。自分の大好きなことを見つけて、それをライフワークにまで昇華していくためには、マインドセットを変えていくことが大事です。

とはいえ、今すぐ変えようと思っても、どこから手をつけてよいのかわからないと思います。そこで、マインドセットを変えるために、具体的に何をしたらよいのかを見ていきましょう。

1　結果より過程にフォーカスする

結果より過程にフォーカスできるか、考えてみてください。なぜなら、何かを成したことよりも、途中どういうふうに生きたかが、人生の楽しみのひとつだからです。

たとえば、旅をするにしても、目的地へ行くだけが旅ではないと思います。目的地へ行く途中の電車やバス、あるいは飛行機の中で起こった出来事、人との出会いなどが、旅のいい思い出のひとつになるものです。

それは、人生でも同じことがいえます。成長にフォーカスし、過程を楽しむことがとても大事です。

2 失敗を愛し、積極的に行動する

あなたがこれから何かやるとき、半分くらい、あるいは80％くらいの確率で失敗します。そもそも、新しいことをやって、うまくいくほうが少ないからです。

私も新しいことにどんどん挑戦していますが、ほとんど空振りしている感じがあります。野球にたとえると、10回バットを振って、1～2回バットにボールが当たるのに似ています。そのうち、8回は三振しているわけですが、私はそれを失敗だと思っていません。「次は当たるかな？」と思いながら、何度もバットを振っているのです。

ポイントは、「自分がこれからやることは、だいたい失敗する」という前提で動けるかにあります。途中で失敗したというよりは、うまくいかなかっただけです。最終的に、うまくいくまでやる。そういった積極的な行動が、とても大事だと思います。

3 変化した人を研究し、うまくいっている人とつき合う

世の中には、変化できる人と、できない人がいます。マインドセットを変えるには、変化できる人がどういう人なのか、研究することが大事です。

そして、うまくいっている人、変化できる人とつき合ってみてください。一緒に過ごしているうちに、その人がなぜ変化したのか、なぜうまくいっているのかがわかってくると思います。そうするといつの間にか、自分の考え方や行動パターンも変わっていくのです。

4 多面的なフィードバックシステムを持つ

自分の状態がどうなっているのか、周囲から教えてもらうことを意味します。自分のことは、自分ではよくわからないからです。

ポイントは、いろんな人たちに自分の状態を見てもらうこと、教えてもらうことです。たとえば、メンターに弟子入りする方法などがあります。あるいは、信頼できる友人、家族でもよいでしょう。

最初は勇気が必要かもしれませんが、ぜひ取り組んでみてください。

5 過去のトラウマを癒す

癒されていないトラウマがネックになり、なかなかマインドセットが変えられないことがあります。

たとえば、批判を例に挙げましょう。批判の言葉を、自分の成長の糧ととらえられない人は少なくありません。人によって理由はさまざまですが、「子どものときに批判された」「誰かに攻撃された」というトラウマが、影響しているのではないかと思います。

ですから、もしあなたに、「誰かに理解されなかった」「大事にされなかった」など、過去のトラウマがある場合は、じっくり自分と向き合ってみてください。

ライフワークに、ブレーキをかける感情

ライフワークを生きようとすると、楽しい、嬉しいといった感情だけでなく、あなたの気分を下げ、あなたを現状に引き留めようとするさまざまな感情が湧き上がってきます。そういった、ブレーキをかけてくる感情に振り回されると、思うように現実を動かしていくことができません。

たとえば最初に感じるのが、漠然とした「不安」です。「うまくいかなかったら、どうしよう」などと感じて、身動きが取れなくなるのです。先行きを考えると「恐れ」も感じると思います。人は、今まで慣れ親しんだもの以外のすべてを恐れる傾向があるからです。

同じように、やろうと思っていることに「疑い」も感じるでしょう。「こっちを選択してよかったのかな」「この道で大丈夫かな」という疑いの感情は、一度芽生えると次々に

連鎖していきます。疑いは、自分を守ろうとする防御本能が健全に働いた結果ですが、人生の妨げにもなりかねません。

また、疑いよりもう少し深い感情に「自己不信感」というのがあります。これは、「自分を信じていいんだろうか」「この間までいけると思っていたけど、なんだかダメな感じがしてきた」といった思考として出てきます。

何かをやろうとすると、自己不信感は必ず出てくる感情です。行動にブレーキをかけるために、自己不信が生まれるかのようです。車を運転すれば、事故に遭う可能性が出てくるので、最初からドライブに出ることさえもやめてしまおうというわけです。自己不信感があれば、ドライブに出ることを思いとどまる結果になります。

何かをやり始めたら、痛い目にも遭うかもしれません。でも、そのリスクを取ってでもやりたいかどうか、だと考え直しましょう。自己不信が出ても、「怖いけどそれでもやりたいからやってみよう」と思うなら、行動に移しましょう。

ライフワークを絞り込む過程では、「怒り」も生じます。「好きなことを見つけられないのは、親のせいだ！」という怒りを感じる人は多くいます。また、「好きなことをやれないなんて、社会が悪い」という怒りをぶつける人もいます。

怒りの下には「悲しみ」があることを理解してください。怒りは悲しみを感じないようにするために出てくるのです。そのときは、思い切って悲しみを感じてみましょう。

「孤独感」も必ず向き合わなければならない感情のひとつです。自分らしい人生を生きようと決めれば、孤独感を感じてしまうことは多々あります。

自分らしくあることは、孤独と表裏一体です。この寂しさに耐える力が試されます。

家族があまり楽しく幸せに生きていない場合、自分だけ楽しいことをしていくのはマズいなと思い、「罪悪感」を覚えることもあるでしょう。退屈な仕事をしている同僚に、「好きなことを始めるから、会社を辞める」と言い出せないことも罪悪感のひとつです。

「嫉妬」も生じます。人類最大の恐怖のひとつに仲間はずれがあります。人はどれだけバカげた理由でも、嫉妬され、仲間はずれになることを何よりも恐れています。だから、嫉妬されないように、自分らしさを隠すことがあるのです。

このあたりのことをあらかじめ理解しておかなければ、こういう感情が出てきたときに、絶好の言い訳になって、あなたを止めることになるでしょう。

ライフワークを生きていくと、必ず失敗を経験します。しかも、一度だけではありません。何十回と経験することでしょう。これまでにやったことがないことに挑戦しようとすると、常にたくさんのガッカリがついてきます。

そのとき、「自分のライフワークなんて誰も興味ないんじゃないか」「自分には大したものを世の中に提供する価値がないんじゃないか」と、自分自身や人生に対して「×」をつけてしまう「無価値感」が必ず出てきます。

何をやっても意味がないように感じたり、むなしさを感じたりするでしょう。

多くの人は、何らかのタイミングや出来事で、そういった感情がワーッと出てきて、飲み込まれそうになります。そのとき、まるで自分が深い谷底に落ちたように万事休すと感じがちです。でも、この無価値感という痛みは、ライフワークを生きる中で、消えることのないものだということを理解してください。

人生にはさまざまなことが起こります。少し上がったり、また少し下がったりを必ず繰り返します。いいときもあれば、まったく調子の出ないときもあります。その繰り返しが人生なのです。

事故や災害といった宿命としか言いようがないこと、自分の意図したのとはまったく違う結果になって、ガッカリすることもよくあります。そういうときは、無価値感を感じることを避けられないのです。

こうした感情を避けようとするのではなく、ガッカリな状態を受け入れることです。そして、自分に絶えず降りかかってくる無価値感と上手に同居することです。

無価値感と格闘するのもいいのですが、ただやりすごす、通りすぎるのを待つというのもアリです。

「これもまた過ぎていく」という言葉を何度か言ってみてください。

スッと心が落ち着くと思います。

幸せな人生には、現状を受け止める心の器の大きさと、今の人生を変えていく勇気の両方が必要です。

「変えられないもの」は受け入れ、「変えられるもの」を変えていきましょう。

ライフワークを生きる旅は、失敗の連続

これから、あなたがライフワークを生きていくとき、必ず失敗を経験します。しかも、一度だけではありません。挑戦した数の何十倍も失敗することになります。

ですから、そう簡単にはうまくいかないと、今から想定しておきましょう。どれだけ成功している人でも、その過程では、何十、何百という失敗を経験しています。

あなたが何かにはじめて挑戦したときのことを思い出してみてください。自転車に乗ること、水泳など、最初から一度も失敗することなく、上手にできたでしょうか？

きっと、たくさん失敗したはずです。ときには、手痛い失敗に絶望することもあるでしょう。しかし、失敗は、成功までの過程にすぎません。何度失敗しても、そこでゲームオーバーになることはないのです。

私は20歳のときに、「人生には失敗がない」ということを、ある成功者から教わりました。もう80歳近かった彼が言うには、「人生は最初のころは、どちらに行くかで大きな違いがあると思ったもんだよ。でもね、80にもなると、どちらでもよかったと思えるから不思議だね。若いころ医者になろうが、肉体労働をやろうが、80になれば、もうどうでもいいことだね。大切なのは、それをやっている間に、どれだけ自分が楽しんでハッピーでいられるかだ。それと、老後に何もすることがなくなったときに、どちらを思い出すとより楽しいかということも大事なんだよ」と高笑いしていました。

当時は、そんなもんかな、とその本質を理解できませんでしたが、今はその意図するところがよくわかります。私たちは、どちらの道を進むかに意識が行きますが、どう進むかのほうが大事です。

今、自分が最初に描いた未来とは全然違うところに行ったからといって、ずっと人生が暗いわけでもありません。人生は変化するようにできているのです。結果オーライで、それはそれで楽しめたりするものです。

幸せに生きたいなら、「何でも思い通りにいくはずがない」とあきらめるのも、ひとつの選択です。思い通りに生きられる人なんて、世界中探しても、ほとんどいません。みんなどこかで妥協しながら、今を生きているのです。その連続の中に、自分なりの幸せを見いだして、自分らしい人生をつくっていかなければならないのです。

夢を生きることは大切です。挑戦もせずにあきらめるのはもったいないと思います。でも、現実を冷静に見て別の道を探すことも大事です。そうでなければ、ただの夢追い人になって、満たされることない人生を生きることになるかもしれません。

夢に振り回されて、何年も人生をストップさせたままの人がいます。そういう人は、自分でも、「ちょっと違うかなぁ」とうすうす感じていたりします。ですが、いったん言い出したことを引っ込められなくなって、ずるずる夢に引っ張られてしまっているのです。そうなると、行動のベースは義務感になりがちです。その環境が嫌になっているにもかかわらず、心や体に鞭を打ちながら、無理をして頑張るようになります。

そういう場合は、いったんこれまでの夢に死亡宣告を下して、そこからまったく違う人生をスタートするのも、幸せな生き方かもしれません。実際に、料理人の道をあきらめて実業家になる人、ビジネスの世界から教育界に転身して多くの人にインパクトを与える人がいます。彼らは結果的に、本来自分がいるべき分野に進んだともいえます。

自分が輝ける分野は、当初思ったのとは全然違う場所にあったりします。ライフワークを生きようと決めたときには想像もしなかったところで、花が開くことがよくあります。

今はそれが自分のベストだと感じてあきらめずに頑張るときか、思い切ってあきらめて次に行くのか、悩むところだと思います。このあたりの見極めができないと、ライフワークを生きるのは難しいのです。

人生に変化を起こす最大の秘訣は、「自分の未来に対して好奇心を持つ」ことです。未来に対して好奇心がなくなった瞬間に、人は絶望してしまうのです。

途中で失敗もあるでしょうし、挫折してしまうかもしれません。進んでいくうちに、本当はそちらに行きたいわけではなかったということもあります。それならそれで全然構わないのです。そこから別のドアが開き、あなたにまったく新しい道が示されるからです。

あなたは「何だ、こっちか」と言って、また歩き出せばいいのです。けっして道を間違えたのではなく、本当に自分が行くべきところがわかっただけのことです。

この世界には、面白いことがいっぱいあるのです。

終章

人生を信頼する

人生を信頼するとは？

本書のテーマは、「不安を癒す」というものですが、私が本当にお伝えしたかったのは、「人生を信頼する」ことです。なぜなら、不安は、「人生を信頼できない」ことから生まれるエネルギーだからです。もし、未来が素晴らしいものになることへの確信があれば、不安が入り込む余地などないものです。

ですが、私たちのほとんどは、そんなことを信じていません。未来が見えない、先の見通しが立たない、なんか悪いことが起きそう……。そんなときに、不安が後ろから忍び寄ってくるのです。

終章では、この信頼をテーマに話を進めたいと思います。この章を読み終わるころには、自分の中にある不安と信頼の関係が見えてくるでしょう。

私たちは、「不安と心配」中毒にかかっている

これから、少し刺激的な話をします。

依存症という言葉があります。人間は、気をつけないと、何かに依存するようにできているかのようです。

アルコール、ドラッグ、タバコなどに依存すると、そこから抜け出るのは難しくなります。もう少し健康的なものでも、コーヒー、チョコ、砂糖、ピザなども依存の対象になります。毎日コーヒーを何杯も飲んでいたり、甘いものをなかなかやめられない人は案外多くいます。

そんな感じで、私たちは、何かに対して中毒症状を持っています。マイルドなものから重度なものまで、依存症の一種だと言えるでしょう。

私たちは、ある意味で「心配する、不安を感じる中毒」にかかっています。

不安を感じていれば、リスクを冒さずに済みます。新しいことをやって失敗するよりも、安全です。先に心配していれば、そのことが起きても、がっかりせずに済みます。

浜辺で砂の城をつくっている子どもが、どうせ波に崩されるなら自分で崩してしまえというのと似ています。最初から、最悪を期待していれば、絶望もありません。

もし、あなたの不安と心配がなくなったら、何をするでしょうか？

ある女性は、この質問に対して、「私から不安がなくなったら、バンバンデートをして、そのうち結婚して、起業すると思います」と答えて、自分でびっくりしていました。

逆に言うと、不安を理由に、本当にしたいことをやっていないわけです。

その後、彼女は恐る恐るデートを始め、起業のためにいろんな人と会っていきました。

そして数年後、パートナーを見つけ、自分のお店を持つことができたというハガキをもらいました。

不安を見ていくと、あなたの本当にやりたいことも見えてきます。

不安と心配中毒から、自分を解放してあげましょう。

あなたの気分を明るくさせる活動は？

友人と話しているうちに、気分が晴れて、さっきまで鬱々としていたのが嘘のようにスッキリしたことはありませんか？

あるいは、寝る前は不安だったのに、朝起きてみたら、なんか気分が変わっていて、大丈夫な気がした体験もあるのではないでしょうか？

私たちは、知らない間に、気分が上がったり、下がったりしているのです。

そして、それはちょっとしたことがきっかけになります。友人からメールが入って、それを読んだらハッピーな気分になった。ニュースを見て、落ち込んだ、といったことを、ごく日常的に私たちは体験しています。

それは、偶然に起きることで、普段はあまり意識していないかもしれません。

どんな人にも、自分の気分を明るくしてくれることがあります。それは、友だちとのおしゃべりだったり、ショッピングだったりするかもしれません。お金をかけなくても、近所に散歩に出かけたり、好きな音楽を聞くということでも、気分を変えることはできます。少し時間とお金をかけてもいいのなら、外食する、旅行に出る、山に登る、温泉に行くといったこともできるでしょう。

もし、あなたがゴキゲンに生きていきたいなら、普段から、「自分の気分を上げるメニュー」を用意しておきましょう。仕事がうまくいかなかったとき、誰かと揉めたとき、気分が落ち込んだとき、それぞれの状態で、気分アゲアゲメニューの中から、直感的に一つ選んで、それをやればいいのです。

本当は、毎日それをやればいいのですが、コロナ禍の今の状況ではすぐには難しいかもしれません。その場合は、リストをつくるだけでも、楽しい気分になるから不思議です。毎日は無理でも、週に何回かできるだけで、気分が違うと思います。そのうち、その回数を増やしていけばいいのです。

最初から、100%を目指さないことです。

すべてが思い通りにはいかないのが人生

「なんでも夢が叶う」というのは、本のタイトルとしては、注意を引くことができますが（笑）、現実的には、なかなかそうはならないものです。

なぜなら、人生では、ときに番狂わせが起きるからです。

夢を叶えようと思って頑張るのもいいですが、現状をいったん受け止めて、そこに幸せを見つけられるほうがよほど大事です。

なぜなら、人生の旅に出るときには、目的地があったのに、途中からいろんなことが起きて、まったく予想外の場所に辿りつくということはよくあります。

私は、海外に住んでいる日本人、日本に住んでいる外国人と話す機会がよくあります。

そういうときに、「20年前、将来の自分が今住んでいる場所にいると思っていた？」と聞くと、ほとんどの人が、「自分でもまったく想定外だった」と答えます。

それで、「想像したのと違う場所に住んでいるけど、今は幸せですか?」と聞くと、ほとんどの人がしばらく考えて、「そうですね。想定外だったけど、今の生活には、それなりに満足してます。だから幸せなんでしょうね」といった答えを返してくれます。

ということは、人生は、思い通りにはいかないけれど、流された場所で幸せと満足感を見つけられるということなのでしょう。

想定外を楽しむ余裕が出てくれば、きっとあなたもリラックスできるようになります。あれこれプランを立ててもどのみち実現するかどうかはわからないのだから、「それがうまくいく運命ならうまくいくだろう」と考えておきましょう。

私も、これまでに人生の方向転換を何十回も体験してきました。最初の数回が起きたときは、食べ物が喉を通らないほど落ち込みました。でも、そんなことがあっても、それなりに幸せにやっていけることがわかると、いい加減に聞こえるかもしれませんが、「こっちの道は、それなりに楽しめるなぁ」と思えるようになってきたのです。

「今のがっかり」が、意外と後の幸せにつながることもある

あなたが不安を感じるのは、想定外のことが起きたら困ると思っているからです。仕事が成り立たないのも困るし、パートナーがいなくなることも考えたくないものです。

ある意味では、「今の人生がそのまま続いていく」ことを期待しているわけで、変化の時代には、それはなかなか難しいことは、これまでに見てきたとおりです。

あなたは、人生で、どういうことを期待しているでしょうか？

パートナーにずっと自分のことを好きでいてほしい。取引先に仕事を発注し続けてほしい。ずっと健康な状態でいられる。お金に困らないような生活が続く……。しかし、そういう期待とは裏腹に、ときには、病気になったり、取引先が倒産したり、パートナーがい

なくなったりするのです。

投資で失敗する、リストラされる、転職で失敗するという大きな挫折も、人生では何度か起きます。そういうことが起きると、全部が嫌になって、投げ出したくなります。

でも、そのたびに、自分の中にどういう期待があったのかを考えてみましょう。

お金を失いたくなかった。仕事をそのまま続けたかった。引っ越しせずに、前の家にいたかった。そういう期待があったからこそ、それが叶わなくて、がっかりしたわけです。

でも、その後に起きたことを振り返ってみましょう。すると、早くて数か月、長くても数年で、実はそのことが後の幸せにつながっていったことがわかります。

たとえば、お金を失ったことで、お金について真剣に学ぼうと思った。そのおかげで投資をやってうまくいった。仕事をリストラされたから、自分の才能をもっと活かせる仕事をしたいと考えて、転職できた。転居したくなかったけれど、契約更新ができなかったので、引っ越しせざるを得なかった。でも同じ家賃で、前の家より広くて条件のいい場所が見つかった。そんな体験をしていると、「期待を手放したほうが、人生はうまくいく」ことがあるということがわかってきます。

自分らしく生きていると、不安を感じる時間が減っていく

あなたには、時間を忘れるほど、やっていて楽しいことが何かありますか？

それは、料理かもしれないし、ガーデニング、誰かの悩み相談に乗ることかもしれません。

それをやっているとき、あなたは、人生やお金について不安を感じているでしょうか？

多分、目の前のことが楽しすぎると、「不安を感じる余裕がない」はずです。

不安は、何もすることがなくて、じっとしているときに、忍び寄ってくる感情です。

逆にいうと、自分の趣味に楽しく没頭している間は、不安を感じる時間が取れないわけです。

この本は、不安を解消することをテーマにしているのですが、実は、あなたにしかでき

ない生き方を見つけるというのが、サブテーマです。

まさしく、このことが理由です。自分らしく生きて、毎日が充実していたら、不安はいつの間にか霧が晴れるように、消えてしまうのです。

あなたには、すべてを忘れて没頭できるようなことがあるでしょうか？

もし、なければ、それを探すのが、不安を減らす処方箋です。

心がワクワクして、時間を忘れるほど楽しいことです。それをやっていれば、ネガティブなことに意識を向けることが難しくなるでしょう。

そのためには、小さいころにハマっていたことを思い出してみてください。

切手集め、野球のスコアをつけること、絵を描くことなど、時間を忘れてやっていたことがあるはずです。

まったく同じことをやらなくてもいいのですが、当時の楽しさを思い出しましょう。

そして、今改めて、やったら楽しそうなことが何かありますか？

やってみたいなと思っていることを始めると、毎日が少し楽しくなってきます。あなたにとって、それは何でしょうか？

時間は「命」。その使い方に満足しているか

あなたは、毎日どんなことに時間を使っていますか？

その時間の使い方に満足したり、幸せを感じたりしているでしょうか。

あなたがもし、生活の糧を得るために仕事中心の人生を送っているとしたら、人生の大半は生存のために使っていることになります。その仕事が、めちゃくちゃ楽しいというなら、それでいいのです。けれども、「なんか違うな」と感じるなら、とてももったいない時間の使い方をしているといえるでしょう。

「あなたの資産は何ですか？」と聞かれたら、お金や不動産などをイメージする人は多いと思いますが、見過ごしがちな資産は「時間」です。

それをどう使うかで、あなたの人生はまったく違うものになります。

お金は上手に使わないと減ってしまうものなので、その使い方を工夫する人は多いと思います。また、うまく使えないときは、後悔したり、反省したりすることもあるでしょう。ですが時間は、今日どれだけいい加減に使っても、明日使える時間が減るわけではありません。

そのせいか、多くの人が、時間という資産を慎重に使おうとしません。ダラダラ無駄なことに使ったり、目の前にある「やるべきこと」をこなすために消費しています。

楽しいことをしても、ぼーっとしていても、時間は流れていきます。時間は、貯めることができず、ただ「上手に使うこと」しかできない資産なのです。

普通の人は、時間の使い方に関して、そこまで深く考えたことはないと思います。しかし、こういう性質をわかっておかないと、自分にとって大切ではないことに、時間を使ってしまい、何か慌ただしいままになるのです。

毎日、誰にも平等に与えられる時間ですが、それは残念ながら永遠ではありません。その限られた時間を何に使うのかが、まさにその人の人生ということにつながっていきます。

つまるところ、時間は命なのです。24時間で1日。それが365日で1年。それが、人によって60回、70回、80回与えられているわけです。表現を変えると、それだけの時間を自分で所有しているともいえます。

会社勤めの人であれば、お金と引き換えに自分の命の何十分の一かを会社に渡していることになります。にもかかわらず、多くの人は、「自分が何をしているときが一番楽しかったり、好きなのか」という視点を持っていません。

就職活動でも、「自分は何をやると楽しいのかな?」と考える人は、少数派です。どちらかというと、会社の安定度、将来性、福利厚生ばかりに目がいって、「自分が好きなことができそうかどうか」は、選択基準にないのです。

これは、仕事にかぎった話ではありません。家族、子育て、友人、趣味、遊びなど、あらゆることが該当します。今の自分の時間の使い方に100%満足できているなら、あなたはとても幸せな人生を生きているといえるでしょう。けれども、心のどこかに不満があったり、犠牲を感じたりしているなら、心から望む時間の使い方を考え直すことから始めてみましょう。

もし、あなたが今の時間の使い方に不満があるなら、それを自分で変えていくしかありません。あなたが変えないかぎり、今までの人生の延長を生きることになります。

残念ながら、世界中のほとんどの人が、意に染《そ》まない労働をして、生活の糧を得るという生き方をしています。自分の時間を自由に使っていいということは、考えたことがないかもしれません。

まるで、数百年前の奴隷のようなメンタリティーで生きているのです。

あなたの自由は憲法で保障されているのに、どうしてそれを行使しないのでしょうか？

なぜ、あなたは朝起きたら、会社に行くのでしょうか？

あなたは、どんなことのために、自分の時間を使いたいでしょうか？

それをやっている自分をイメージしただけで、ワクワクすることは何ですか？

そういうことを考え始めると、内なる声が「余計なことを考えるもんじゃない」と言い出すかもしれません。それは、奴隷メンタリティーが語っているのです。

本来の自由なあなたなら、今の状態から自分を自由にすることもできるはずです。

そのためには、「自分の時間は命である」ということをしっかり認識することです。

「自分に人生の主導権を取り戻す」と決める

多くの人は、人生は自分のものだという所有感がありません。

それは、「自分の大好きなことをやって生きてはいけない」からです。

私たちは小さいころから、「自分のことだけ考えてはいけません」とか、「人さまに迷惑になるようなことはしてはいけません」などと聞かされ、「好きなことをして生きること＝無責任」という考え方が根づいています。この考えが、さまざまな選択肢を邪魔していることに気づいていません。

そのために、積極的にどこに行くかを考えないまま、なんとなく前の車についていくような生き方をしています。というよりも、行き先がわからないバスに乗っているというほうが、もっと正確かもしれません。自分の人生なのに、真剣に考えずに、消去法でなんとなく乗るバスを学生時代に決めてしまっているのです。

もう一つは、周りの期待通りに動こうとする、心のメカニズムです。

「誰かを喜ばせたい」あるいは「がっかりさせたくない」ために、決められたことを決められたとおりにやる毎日。周りの人が期待することに応えるので精一杯で、自分の時間がほとんどないと感じているのではないでしょうか。

それは、家族のため、会社のため、お客さんのために時間を取られているのかもしれません。そういったことを自ら進んで喜んでやって、感謝されているのであればいいのですが、奴隷と主人のような関係であれば、疲労感と犠牲心、不幸感をともないます。

人生の主人公は自分自身。この当たり前のことを思い出す必要があります。

このまま、流されるように生きていくのか。それとも、なんのために時間を使うか明確にし、人生を変えていくのか。あなたは、どちらを選択したいでしょうか?

どちらも自由に選択することができます。実際のところ、今まで通りに生きたほうが、ラクだったりします。なぜなら、自分の人生に対して、責任を取らずに済むからです。

自らの意思に反して、誰かのために時間を捧げることの中には、「何かあったとき、助けてもらえる」という期待が含まれています。それはたとえば、「これだけ会社のために尽くしているんだから」とか、「忙しくても、家族の時間を大切にしてきたんだから」などといったことです。

誰かのために尽くすことは、素晴らしいことだと思います。けれども、その動機が、寄りかかり精神から出てきたものなら、あなたを幸せにはしません。

あなたが考えなければいけないのは、「自分がどうしたいか」だけです。

あなたの人生を生きるのは、あなた以外にいませんし、この道をずっと歩み続けるのか、あるいはまた別の道を行くのか、決めるのもあなた自身です。

自分に人生の主導権を取り戻しましょう。親の価値観でもなく、社会や会社の望む人生ではなく、自分らしい人生を生きることは可能なのです。誰かに許可を求める必要はありません。そのことを自分に許可することから、最高のあなたが動き出します。

いきなり会社を辞めなくても、家族と縁を切らなくても大丈夫。

これから、5年、10年でどうしたいのか、今からじっくり考えてみましょう。

あなたにとってのライフテーマは？

あなたの毎日は、充実していますか？

朝起きてから夜寝るまでの間、幸せ、喜び、ワクワクといった気持ちを感じながら過ごしているでしょうか？

それとも、自分に与えられた役割を嫌々こなしながら過ごし、ストレスを感じたり、落ち込んだり、イライラしたりして、あまり幸せを感じられていないでしょうか？

2つの人生の違いは、自分の「人生の目的」を深いところで知っているかどうかです。

人生の目的とは、「あなたの生涯を貫くテーマ（＝ライフテーマ）」です。

ライフテーマは、あなたの感情を深いところから揺さぶります。たとえば、動物がたくさん殺処分されているとか、いじめで子どもが自殺したというニュースをテレビで見て、涙が止まらなかった、何かしてあげたいと思ったとしたら、それは、あなたのライフテーマである可能性があります。

その他にも、政治、教育、ビジネスで、あなたが強く憤りを感じたり、ワクワクしたり、悲しくなったりするとしたら、それがまさしくあなたのライフテーマです。感情を動かされたり、気がついたら行動してしまうほど、エネルギーが湧いてくるもの。それが、ライフテーマなのです。

「ライフテーマなんて、自分にあるのかな？」と感じてしまうのは、当然のことだと思います。一般的には、なんとなく毎日を過ごして、ライフテーマをはっきりつかむことなく、生涯を終える人のほうが多いでしょう。

ライフテーマは、そんなに簡単に見つかるものではなく、現在地の自分と向き合ったり、積極的に行動しなければつかめないものです。自分の才能らしきものを見つけ、それを磨いていくうちに、「これをやるために自分は生まれてきた」という確信が自然に生まれるのです。

同時にそれは、あなたが才能を与えられていて、心から楽しいと思えるものです。子どもの教育、ビジネス、アート、政治、環境保全、動物虐待防止など、さまざまな分野にあると思います。そのことを考えただけで、ドキドキしたりする活動。夜、寝る前に、ハートが温かくなったり、楽しくなったり、悲しくなったり、怒りが湧き上がるようなものです。

人の評価は、まったく関係がありません。いい悪い、優劣もありません。何万人の人を対象にする人もいれば、自分の家族だけが対象になっている場合もあります。

人に喜ばれたり感謝されたりすることが、あなたにもきっとあるはずです。そして、その中でも、自分が楽しくてしかたがないこと、それが、あなたのライフテーマです。

皮肉なことに、それはたいてい、あなたがやるのが怖いと感じていること、不安なことの周辺にあります。たとえば、両親との関係がギクシャクしてうまくいかず、ずっと家族のことで悩んできたなら、家族関係がライフテーマかもしれません。

あなたが、やってみたいけどドキドキすること、リスクに感じることがあるとすれば、そのあたりにあなたのライフテーマも隠されていると考えてください。

今、あなたの心の声はなんと言っていますか？

「そういうものは、自分にはないと思う」と感じてしまうかもしれません。しかし大切なことは、「あなたが人生の中心に、何を置いて生きていきたいのか？」ということです。急いで答えを見つけることではないですし、現状を一気に変える必要もありません。

ライフテーマがはっきりしている人は、どんなときも心の平安を感じながら、深い充実感や喜びとともに生きています。そんなイキイキとした姿に、たくさんの人たちが巻き込まれて、癒されたり元気づけられています。

今のあなたには、自分がそうなれるなんて想像できないかもしれませんが、人はたった数年で変われます。あなたにとって本当に大切なことを見つけ、それに情熱を持って取り組んでいったとしたら、充実した毎日が送れるようになると思います。

社会的に成功するとかは関係ありません。あなたにとって、心が震えるような楽しいことを見つけてください。

これから、誰も想像しなかったような出来事が、世界的にたくさん起きると思います。そのとき、混乱して不安を感じながら、時代に翻弄されてしまうのか、ライフテーマを持って生き抜いていくのかでは、その先の人生はまったく違ったものになるでしょう。

大切な人に「愛してる」と伝えよう

本書は、不安をテーマにしてきました。

不安の反対語は、安心です。

安心とは、心が安らかである状態ですが、どうすれば、そのような状態になるのでしょうか？

それには、人生を信頼することです。

それは、「絶対にいいことしか起きない！」という妄信にも似たポジティブ思考ではありません。

その考え方は、逆に恐れから出ています。どちらかというと、それは、信頼ではなく、期待です。

「いいことしか起きないでくれ」という期待や願いであって、信頼ではないのです。

信頼というのは、その期待を手放している状態です。

ポジティブなことが起きても、ネガティブなことが起きても、大丈夫。

だから、ネガティブなことが起きたらどうしようと心配することもなければ、漠然とした不安を持つこともなくなります。

信頼とは、これから起きることを受け入れられる状態です。

なので、未来に対して期待がありません。最初から期待していないので、何が起きてもがっかりすることもないのです。

よく、「あまり信頼できないなぁ」ということを聞きます。

なんとなく信頼しているとか、90%信頼していると聞いたことがあると思います。

でも、それは、残念ながら、切り捨てでゼロになってしまいます。

なぜなら、90%信頼するということはあり得ないからです。

『愛とは、怖れを手ばなすこと』の著者ジャンポルスキーが語っていますが、信頼は、「妊娠しているか、妊娠していないか」と同じようなもの。信頼しているか、していないかのどちらかなのです。

そう聞くと、信頼がとても難しいことに感じられたのではないでしょうか？

あなたが、不安を感じているのは、自分にとってネガティブなことが起きると、どこかで恐れているからです。

今それが起きてなくても、その可能性は、いつもあなたを苦しめる可能性があります。

もうだいぶ前ですが、娘が2、3歳になって、自分の意思で歩き回るようになったころの話です。

ちょうど自分で歩けるようになって、どこでも行こうとするので、ヒヤヒヤしました。たった数秒よそ見していただけで、結構な距離を歩けるので、いつか交通事故に遭うんじゃないかと、外出するときはシークレットサービスの警官のように、緊張して周囲を見渡していました。

ある夜、娘が車にはねられた夢を見て、ハッと目が覚めました。そのときに、どんなに彼女を守ろうとしても、限界があると気がついたのです。24時間3交代でボディーガードを雇っても、ほんの数秒で死んでしまう可能性はなくならないのだ、と。

「もし、娘が早く死んでしまう宿命なら、それを受け入れよう」とふっと思いました。涙がはらはらと流れましたが、同時に生まれてきてくれたことへの感謝も芽生えました。それからも、心配は何度か波のように襲ってきましたが、深いところで、安心感が出てくるようになったのです。

もし、将来彼女が病気や事故で亡くなることがあっても、「それまでに、家族で一生ぶんの思い出をたくさんつくろう！」と、心が定まった感じになりました。

そして、いつ周りの誰かが死んでも、後悔のないように生きてきました。これ以上の面白い人生は送れなかったと思うほど、思い出がいっぱいできました。

私の周りには、実際に、事故や病気で家族を突然亡くした方が何人もいます。

彼らが後悔しているのは、一緒に過ごすクオリティータイムをもっと取ればよかったということです。

それは、世界一周するとか、温泉に行くとかということではありません。普段の何気ない日常をもっと楽しんで、優しくしてあげたらよかったという思いです。

家族が亡くなる前の晩、ケンカしてしまい、謝ることも、お別れを言うこともできなかった場合、「なぜ、朝起きたときに、『昨日はごめんね』と言えなかったんだろう」。そういうことを後悔するのです。

これは、自分の父親、母親に対しても、一緒です。

私の場合、親孝行はもっとできたでしょうが、自分の中では両親に対して、後悔がほとんどありません。それは、両親に会うたびに毎回、どれだけ大切に感じているかを伝えていたからです。

そういう生き方をし始めると、急速に、自分の中の不安もなくなりました。

今の人生を中途半端に生きていると、未来への信頼も減ることがわかったのです。

あなたにとって大切な人と、もっと愛のコミュニケーションを取ってください。

「愛してる」「大切だよ」といった言葉は気恥ずかしいかもしれませんが、勇気を持って伝えてみましょう。

あなたの選択で、未来は決まる

これから、あなたの人生がどうなるかは、自分の選択次第です。

あなたの選択、行動によって、素晴らしいものになりえます。無難な選択ばかりしていると、つまらないものにもなるかもしれません。

仕事をどうするか、健康とどう向き合うか、人間関係をどう良くするか。お金と時間を何に使うかといったことの積み重ねが、あなたの未来をつくっていきます。

健康をなおざりにして、周りの人を大事にせず、やりたくない仕事をやって、どうでもいいことにお金と時間を使っていると、あなたの望む未来はやってこないでしょう。

では、具体的にどうすればいいのでしょうか？

おすすめしたいのは、あなたを幸せにする選択を毎日3つすることです。

生活の中では毎日何十個も決めなければいけないことが出てきます。簡単なことで言うと、ランチに何を食べるのかもそうですし、仕事上でも大事な選択を何度も迫られます。その選択によって、何億円ものお金が動く可能性があったりして、ストレスも多いと思います。

普段、食べ物は好き嫌いで決めているかもしれませんが、ビジネス上の選択のときは、いろんな要素が絡んで決められない場面もあるでしょう。社内での立場や取引先とのしがらみなどで、自分の意に染まない選択をせざるを得ない状況も出てくると思います。なので、いつも１００％自分の理想の選択ができるわけではないと考えておいたほうが、より現実的です。

明日からは、何かを決めなければいけないとき、自分を幸せにするという視点で見てください。

「これをやったほうが自分は幸せになれるかどうか」で、決めてみましょう。いきなりは無理でも、そういうことを頭に置いて、選択してください。

これができるようになると、あなたの人生はゆっくりですが、確実に変わっていきます。

あなたを幸せにする選択を20個選んだ先にある未来と、周りの人に影響されて20個選択した先の未来は、まったく違うはずです。

一つひとつの選択は、大した違いを生まなくても、それが掛け算になっていくと、その先には、幸せであなたらしい未来が待っていることでしょう。

人生は、たくさんの贈り物を用意してくれています。

その中には、ポジティブなもの、ネガティブなものの両方があるでしょう。

多くの人は、ポジティブなものだけ欲しいと願いますが、それはとってもつまらない生き方です。病気があるから、健康であることにしみじみ感謝できます。仕事がうまくいかないことがあるから、普段の仕事の関係者やクライアントに感謝できます。孤独があるから、友人、家族に感謝できます。

料理でも、甘いのと辛いのがあるから、全体的に美味しい食事になるのです。ときには酸っぱく、辛いものが混じって、はじめて「美味しかった！」となるのです。

それでもあなたは、甘い味付けの料理だけくださいと言うでしょうか？

ぜひ、人生がもたらしてくれるいろんな味を楽しんでください。

おわりに

この本を最後のページまで読んでくださって、ありがとうございました。

本を買っても、最後まで読む人は少数派です。

このページを読んでくださっているあなたは、そのひとりです。

著者としては、時間を取ってくださったことに、心からの感謝をお伝えします。

さて、あなたの中の不安は、どうなりましたか?

いろんな角度から見てきたので、だいぶ感じ方が違ってきたのではないでしょうか?

最初は、不安はどんなものかを見ようと思って、恐る恐るこの本を手に取ったかもしれません。でも、読み終えるころには、自分の人生の目的やライフワーク、自分の才能を活かすことについて考えるようになったと思います。そして、あれこれ考えるうちに、不安を感じるのとは違うモードになっていることに気がついたかもしれません。

不安で寝られない夜を迎えていた人も、自分の人生に対して信頼感が増え、やりたいことが増えてきたら、自然とそちらのほうに意識が向きます。

そして、うまくいかないことが続いても、そのうちなんとかなると気軽に考えられるようになるでしょう。「思った通りにはならなかったけど、まぁ、いいか」という感覚がいったん体に入ると、未来に対しての緊張感がいい意味でなくなってきます。想像したのとは違ったけれど、これはこれで楽しもうという感覚になるのです。

たとえば、レストランで食事するときに、自分でメニューを決めるのと、シェフのお任せメニューにするかの違いのようなものです。

自分でメニューを選んで、味付けまで指定しても、思い通りの美味しいものにならない可能性もあります。逆に、おまかせで頼んだところ、自分では絶対に注文しないような料理が出てきて、すごく美味しかったということだってあるでしょう。

人生に関しても同じようなことが言えます。

自分の思いのままにしようと思っても、すべてがうまくいくわけではありません。また、おまかせにして、想像したのと違うものが来ることもあるでしょう。

「自分のところに来たものは、拒まずに楽しむ」というメンタリティーを持っていれば、「それもまたよし！」という気分になります。

ときには、人生は試練をもたらします。

苦しくて、もうすべてを投げ出したくなるときもあるでしょう。

でも、きっとしばらくしたら、笑顔で過ごせる日もやってきます。

悲しみは時間とともに癒され、楽しいことがあれば、つらいことも徐々に薄れていきます。

失敗を恐れず、不安を手放し、素晴らしい人生を生きてください。

自分がこの世界を離れるとき、「ああ、面白かった！」と言えると素敵ですね。

あなたがこれから歩んでいく道を心から祝福します。


富士山が遠くに見える、八ヶ岳のログハウスの書斎にて

本田健

本田 健（ほんだ・けん）

作家。神戸生まれ。経営コンサルタント、投資家を経て、29 歳で育児セミリタイア生活に入る。4年の育児生活の後、執筆活動をスタート。YouTube 番組「本田健の人生相談」は 4700 万ダウンロードを記録。

代表作に『ユダヤ人大富豪の教え』『20 代にしておきたい 17 のこと』など、著書は 200 冊以上、累計発行部数は 800 万部を突破している。

2019 年には英語での書き下ろしの著作『happy money』を刊行。イギリス、ドイツ、イタリア、スペイン、オランダ、ロシアなど、同作は世界40ヵ国以上で発売されている。

大好きなことをやっていきたい仲間が集まる「本田健オンラインサロン」も好評。

不安《ふあん》な時代《じだい》をどう生《い》きるか

2021年8月1日　第1刷発行

著　者　本田《ほんだ》 健《けん》
発行者　佐藤 靖
発行所　大和《だいわ》書房
東京都文京区関口 1-33-4
電話　03（3203）4511
カバーデザイン　福田和雄（FUKUDA DESIGN）
本文デザイン　秦 浩司
本文印刷　厚徳社
カバー印刷　歩プロセス
製本所　ナショナル製本

ISBN 978-4-479-79749-4

http://www.daiwashobo.co.jp/